清华财经新闻大讲堂

（第二辑）

杭　敏　等编著

中国财经出版传媒集团

经济科学出版社

Economic Science Press

图书在版编目（CIP）数据

清华财经新闻大讲堂．第二辑/杭敏等编著．--北
京：经济科学出版社，2022.12（2024.2重印）
ISBN 978-7-5218-4394-1

Ⅰ.①清…　Ⅱ.①杭…　Ⅲ.①新闻报道-研究　Ⅳ.
①G212

中国版本图书馆 CIP 数据核字（2022）第 237767 号

责任编辑：宋学军　胡　飞
责任校对：李　建
责任印制：邱　天

清华财经新闻大讲堂

（第二辑）

杭　敏　等编著

经济科学出版社出版、发行　新华书店经销
社址：北京市海淀区阜成路甲 28 号　邮编：100142
总编部电话：010-88191217　发行部电话：010-88191522
网址：www.esp.com.cn
电子邮箱：esp@esp.com.cn
天猫网店：经济科学出版社旗舰店
网址：http://jjkxcbs.tmall.com
北京中科印刷有限公司印装
710×1000　16 开　10.75 印张　160 000 字
2022 年 12 月第 1 版　2024 年 2 月第 2 次印刷
ISBN 978-7-5218-4394-1　定价：40.00 元

前　言

　　2019 年春，《清华财经新闻大讲堂》第一辑出版。三年来，清华财经新闻课程教学不断推进，结合国内外财经领域的新热点、新形势，"财经新闻大讲堂"又增添了一些新内容，覆盖了中国经济社会发展中的一些新议题，从而积累了不少新素材。鉴此，我们整理编辑了《清华财经新闻大讲堂》的第二辑，收录了课程教学中的一些新内容，希望借此还原教学场景，推进财经新闻教育中的成果在更大范围共享。

　　《清华财经新闻大讲堂》（第二辑）仍然延续从宏观到中观再到微观的编辑脉络，包含了宏观经济发展、资本市场改革、具体产业经济报道等不同议题。书中既有对之前主题内容的延续，又增加了一些新的典型案例和讲堂现场讨论。与第一辑相似，书中各讲保留了专家授课的讲述内容，文字体现口语化的表达风格，力求更为生动地还原课堂授课的氛围，使读者在轻松的阅读中体验和受益。

　　本书由担纲主讲的各位老师和我共同编著，共辑录十一讲。我在第一讲对财经新闻报道进行总体介绍；在第二讲，中央广播电视总台肖振生老师介绍了观察经济新闻事件的多维视角；在第三讲，张勤老师介绍了宏观经济新闻的变量及特征；在第四讲，新华社张旭东老师和大家谈了宏观经济政策新闻报道的内容、特点和方法；在第五讲和第六讲，《财经》杂志社的何刚老师和经济观察报的文钊老师分别介绍了资本市场报道和证券市场报道；在第七讲，中央广播电视总台哈学胜老师介绍了财经电视节目的制作；在第八讲，《二十一世纪报道》的袁一泓老师介绍了房地产市场报道；在第九讲，财新传媒的高昱老师介绍了调查报道的特殊性与把握原则；在第十讲，《中国日报》的柯荣谊老师介绍了经济报道的国际传播；在第十一讲，财新传媒的任波老师分享了关于公共政策报道的思考。

清华大学开设的"财经新闻报道"系列讲座课程一直由财经新闻的业界著名专家担纲主讲，他们以独特资源为学生提供了解财经新闻报道的基本知识和思维方式，以及理解经济信息传播的应有视角，拓宽了学生们的视野，激发了他们的实践潜能。将这些内容集结出版也必将吸引更多新闻学子和财经爱好者走进清华课堂，思考体悟财经新闻报道与经济传播中的规律，获得有益启示。

衷心感谢各位业界专家的辛勤付出与无私投入，他们的讲座激发了清华学子的学习热情，帮助了一批又一批年轻人的成长。尤其感谢诺华集团对清华财经新闻课程多年的持续支持，集团负责人陈小晶老师亲自为学生授课，李文玮老师帮助我们对课程进行了精心策划和组织，这一门覆盖清华全校的课程，使无数虽然背景不同，但对财经新闻充满热情和热爱的学子受益。同时也感谢清华财经新闻课程的助教团队，我的博士生綦雪、张亦晨、项奇仁和周长城等同学为讲堂文稿整理投入了大量的时间，付出了卓越努力。最后，感谢经济科学出版社编辑老师的专业指导，使大讲堂第二辑得以顺利高效出版。

希望这一汇聚各方努力的成果能为大家带来了解财经新闻报道和理解经济传播更多的知识与启迪。

杭　敏

2022 年 4 月于清华园

/目 录/

走进财经新闻报道

杭　敏　清华大学全球财经新闻项目主任

同学们好！今天我们开始"清华财经新闻讲堂"的第一讲。这是一门讲座课，目的是通过系列课程来给同学们介绍财经新闻报道的基本框架，提供财经新闻报道的整体路线，帮助大家理解财经传媒运作和发展的状况，从而构建起财经传播知识体系的基础。

这门课程聚焦财经新闻报道，内容主要分为四大板块，包括宏观经济报道、市场报道、公司报道和调查性报道，授课老师是财经媒体领导者和业界资深财经新闻记者与编辑。希望大家能够借此机会多多交流、加强互动、共同探讨，走进财经新闻报道，在财经新闻和经济传播专业领域有所收获。

今天课程的第一讲，首先由我为大家介绍什么是财经新闻、财经新闻的种类、财经新闻的特点，以及财经媒体的类别等。我还会和大家讲一讲什么是经济传播，这一概念和财经新闻紧密相连，涉及更多传播主体。此外，我在清华财经新闻项目中的合作者，美国国际记者协会资深记者 Rick Dunham 教授将从华盛顿连线，为大家介绍全球视野下的财经新闻报道，包括数据新闻报道、可视化趋势，以及数据挖掘和分析等，他也会给大家一些从业建议。这是今天课程的总体安排。

一、为什么学习财经新闻报道?

第一，市场有需求。大家可能已经学习过一些采写编评的专业技能，也对新闻传播领域有所了解。我们可以关注到，在信息传播和新闻报道领域，一个特别明显的趋势是，公众对财经专业信息的需求迅速增长，他们渴望知道商业世界中发生的故事、渴望了解经济发展状况，并且获知未来发展趋势。受众需要专业财经内容和经济信息，政府和企业也需要专业人士去传播经济信息，讲好发展故事。所以，具有财经报道素养的专业人才不仅可以成为财经记者，也可以成为政府和企业的专业传播人士，市场对这类专业性人才的需求巨大。

第二，就业有市场。作为国内领先的新闻传播人才教育机构，清华新传一直注重培养学生的财经新闻素养。掌握财经报道和传播的专业技能，可以帮助大家获得更好的就业资源和成长机会。从过去几年的就业数据来看，市场对财经新闻专业人才的需求大、就业机会多，具有跨学科特点的财经新闻人才往往能得到很多发展的优势资源。

第三，中国经济发展有需要。中国的经济实力不断增强，已成为世界第二大经济体。在如此庞大的经济体中，经济对内和对外传播的需求都非常大。我们特别需要经过教育和培训的专业人才，来更好地了解经济发展的状况和趋势，深入分析和解读，并向世界传播，讲好中国经济发展的故事。

得益于巨大的市场需求、广阔的就业机会以及中国经济发展的强劲需求，清华财经新闻教育应运而生。我们从 2007 年开始设置财经新闻项目，进行双语教学，财经教育的国际化特色明显。今天的课也正体现了清华财经新闻教育的国际化特点：一半由我授课，一半由外籍教师授课。我们的目标是培养具有国际视野的专业新闻报道与传播人才。十多年来，清华聚集了一流师资，全球财经新闻项目（Global Business Journalism，GBJ）至今已经培养了几百位财经领域的专业人士，他们在中国和许多其他国家的媒体和相关机构工作，承担着重要的财经报道和专业传播工作。

"财经新闻大讲堂"是清华新闻传播学院的财经新闻专业教育课。我们的培养思路是，通过学生在本科阶段打好基础，使其对财经新闻形成一定的了解，以利于在研究生阶段再进行更加集中的专业化培养。同学们参加财经新闻课程，还可以申请到国际记者协会颁发的财经新闻证书，获得专业认定，这样大家可以在就业市场和职业生涯中得到更多的发展机会。

二、什么是财经新闻？

接下来为大家介绍财经新闻的概念及其主要类型。财经新闻主要针对经济整体状况、市场企业发展、财经相关资讯，以及政策法规状况来进行报道与传播。对财经新闻有不同的分类方法，在这里我主要按照财经领域的不同子领域及新闻传播受众和主体，分为六种类型向大家展开介绍，它们分别是经济新闻（economic journalism）、金融新闻（financial journalism）、商业新闻（commercial journalism）、消费者服务新闻（consumer service journalism）、个人理财新闻（personal finance journalism）以及监管和法规新闻（legal and regulatory journalism）。

第一，经济新闻。关注宏观经济运行的整体情况，其中会涉及很多经济指标（economic indicators），比如国内生产总值（GDP）、国民生产总值（GNP）、居民消费价格指数（CPI）、生产者价格指数（PPI）、采购经理人指数（PMI）等。这些用于在宏观经济层面衡量国民经济或社会发展的总体状况是否健康，是否持续向好等，比如政府会发布月度、季度、年度的经济状况，通报 GDP 增长率等。

除了对经济指标的关注，经济新闻还会涉及不同的经济学原理，比如说有效需求原理、凯恩斯主义、供给侧原理等。拿供给侧原理来说，它要求更多从供给侧促进经济发展，比如通过减税等措施，给供给侧和市场注以更多的动力。中国的供给侧结构性改革，是基于当下经济发展新常态的背景做出的提升生产和服务贸易质量的一种政策性变革。这里就有一个核心概念叫"新常态"（new normal），这是中国经济发展的新特点。当前，基于一般性汇率计算，中国的 GDP 总量是世界第二，如果基于购买力平价指数（PPP）汇率计算，中国 GDP 总量是全球第一，所以一些媒体报道中也会说中国是世界最大的经济体。无论如何，这些数据都说明中国的经济总量很大，但衡量一个国家人民生活质量和生活水平的指标除了 GDP 总量，还有人均 GDP。中国的 GDP 总量很大，但平均之后就排名靠后了，所以从这个角度来说，中国经济发展还需要持续推进，我们的经济结构还需要调整。而"新常态"意味着中国经济要更注重发展的质量和可持续性，提倡更多创新，推升更多的发展新动力。国有企业（state-owned enterprises）在中国经济发展中起到了重要的带动作用；在新经济、新常态下，除了国有企业，我们还要有更多的创新的经济体，注入更多的市场发展活力，带动整体经济的高质量发展和可持续要求。

中国经济进入发展新常态之后，我们还提出了供给侧结构性改革，要求调结构、降杠杆、去库存等。就房地产行业而言，尽管房地产市场又开始回暖，但很多二三线城市仍然有很大的库存，市场的结构是不尽合理的。中国的金融市场中也存在很多问题，比如坏账、资金沉淀等。这些都是我们在经济新闻中要去关注的内容。宏观经济报道包含许多议题，其中很多和中央银行（central bank）政策相关。中国的央行是中国人民银行（PBOC），美国的央行是美联储（Federal Reserve）。在经济新闻中，我们经常看到中国人民银行、美联储，以及其他国家中央银行的动态，中央银行的任何一项政策变化都会对市场带来重要影响。中央银行会制定货币金融政策，引导资金流向和市场发展，这些都是经济新闻关注和报道的内容。

作为学习财经新闻课程的学子，必须关注中国经济发展的新动态。新冠肺炎疫情对中国经济产生了很多影响，加上一系列外部压力，中国的经济发展进入了一个新阶段。要推动形成以国内大循环为主体、国内和国际双循环相互促进的发展新格局，这是中国经济社会发展的重大战略定位。这也是对"十四五"和未来更长时期我国经济发展战略、路径作出的重大调整完善，是着眼于我国长远发展和长治久安作出的重大战略部署，对于我国实现更高质量、更有效率、更加公平、更可持续、更为安全的发展，对于促进世界经济繁荣，都会产生重要而深远的影响。

从国际方面来看，推动构建新发展格局是应对错综复杂的国际环境变化的战略举措。受逆全球化思潮影响，全球外资直接投资持续下降，美、日等国明确出台相关政策，纷纷支持产业回流本国，逆全球化引发的全球产业链、供应链调整势必对我国现有的优势地位和供应链安全产生深层次影响，提升产业链供应链韧性和安全性的要求更为迫切。

从国内来看，构建新发展格局是适应我国经济发展阶段变化的主动选择。我国人均 GDP 超过 1 万美元，需求结构发生重大变化，要求发展转向创新驱动，推动高质量发展。这也是发挥我国超大规模经济体优势的内在要求。大国经济的重要特征，就是必须实现内部可循环，提供巨大国内市场和供给能力，支撑并带动外循环，释放持久动能，推动经济稳步增长。

近期的很多经济报道都对新发展格局的内涵及要旨进行了阐释，介绍了政策的基本概念和发展路径，对"内循环""外循环""双循环"等名词概念进行剖析，并从宏观经济政策、中观产业政策、微观民生政策、对外开放角度对重大战略决策的发展路径进行解读。这些是中国经济新闻报道的重点内容。

第二，金融新闻。金融新闻关注货币和市场。比如，这两年热议的一个议题是数字货币，其中虚拟货币和加密货币是热点，引发了很多报道与关注。金融新闻关注的市场主要包括三类：债券市场（bond market）、股票市场（stock market）和外汇市场（foreign exchange market）。金融新闻还会关注不同的银行和金融风险等，关注黄金、石油等所谓的硬资产（hard assets）以及共同基金（mutual funds）和对冲基金（hedge funds）等金融市场议题。金融市场中常涉及道琼斯指数、纳斯达克指数、标准普尔指数等，这些显示市场整体行情，是股票市场的关键指数。以上这些都是金融市场报道要关注的内容，需要我们具备扎实的专业知识积累，才能够去更好地理解金融议题，并进行专业的报道、解释与分析。

第三，商业新闻。商业新闻关注企业、商业组织和不同的经营机构，关注具体领域和中观、微观层面的商业活动，与产业新闻或者行业新闻相融合，形成很多关于公司管理、公司产品和公司交易等方面的报道，强调在市场中的公司竞争、公司创新以及具体公司的那些"成功故事"。很多记者都是从商业新闻开始做起，然后一步一步成长，直至成为经济领域的权威专家。所以，在座的同学们如果未来要从事相关的新闻报道和传播工作，商业新闻往往可以是大家开始的第一步。

第四，消费者服务新闻。消费者服务新闻和个人理财新闻都涉及具体微观层面的经济活动。消费者服务新闻关注消费者的财富积累，报道的内容覆盖人们所能够得到的任何商品和服务，比如消费者应该买一辆电动车还是混合动力车，是不是应该购买最新的 iPhone 手机等。这一类新闻也是我们经常会遇到的，尤其是在新产品、新技术、创新服务出现之后，往往会有大量的跟踪报道与分析。

第五，个人理财新闻。这类新闻之前在中国不是财经新闻报道的主体内容，但是随着人们对自己家庭和个人的财富增长与积累以及对各种投资机会的重视，理财方面的新闻报道越来越多。个人理财新闻强调的是个人的投资选择和投资组合。投资可以说无处不在，所以我们每个人都需要有一个财务性的规划，并形成一种注重财物积累的思维和生活习惯。个人理财新闻可以帮助人们了解热门的投资趋势，讨论的议题有保险、退休金、当日的股票交易量、如何理财等问题。个人理财新闻往往不是一般新闻从业初入者的涉足领域，因为这需要报道记者有足够的专业知识积累，有对市场的长期理解，才能给出专业的理财建议。相对来说，国内财经媒体的个人理财板块发展稍晚一些；在国外不少财经媒体中，个人理财新闻是非常重要的部分，也有很多非常成熟的关注个人理财的专业媒体，比如 Kiplinger's、Wisebread 等。财经媒体借此建议年轻人尽早培养个人理财的思维和能力，培养市场化技能和专业性的知识，并为年轻人提供利用投资保险降低风险，设立紧急资金库，形成良好的信用历史，保持干净的社交平台，整理重要的金融文件等方法路径，这些都被认为是现代社会必要的理财素养。近年来，个人理财新闻在国内发展加快，目前，不少财经媒体也都有了个人理财的导航，教大家如何看理财产品，看理财产品的收益排行、理财攻略、财富故事，各种各样的基金、黄金等情况，提升民众整体的财经素养。

第六，监管和法律新闻。这类报道关注最新出台或者变更的法律法规，还有市场中违规违法的人或组织，公司违背法律和法规制度等情况。此类报道主要涉及法院、监管部门（譬如证监会、银保监会）、企业和个人等。这里有些信息来源于监管部门或记者自己的调查，其中有一个特别重要的角色叫"吹哨人"（whistleblower），它所提供的信息可以引发第一手、最及时、最快的关键信息。典型的监管和法律行为包括金融监管、新三板的改革业务、内部交易和科创板并购重组等。

　　以上是六种不同类型的经济新闻，这些报道的产出结果形式不同，可以表现为宏观经济报道、产业经济报道、公司报道以及调查性报道和特稿等。拿调查性报道来说，它是财经新闻报道中非常重要的一部分，能够展示很多市场运行、公司发展中的问题，起到规范和警示的作用，纠正和引导市场向更加合理和更加健康的方向去发展，也可以揭示很多人们没有注意到但会深刻影响消费者利益的问题。比如有一则纽约时报的调查性财经新闻报道①，就曾经在2016年获得普利策新闻奖。这则报道披露了公司在与消费者签订合同时在仲裁条款部分存在欺骗的问题，提醒消费者更好地保护自身的权利不受侵犯。

　　总体而言，财经新闻涉及经济信息、社会信息，服务社会大众，而不局限于商业群体。在财经报道中，我们还会使用一些财经分析的工具，用以讨论专业性的财经议题。总结来看，财经新闻的特点可以包括以下：

　　第一是专业性。相较于其他的文化新闻、社会新闻而言，财经新闻报道的专业性更强，特别需要一定的专业知识作为基础。

　　第二是连续性。财经新闻反映的是经济动态和经济活动参与者之间的联系，报道的经济信息、经济动态往往需要不断跟踪、更新，甚至持续相当长的一个报道周期。

　　第三是预见性。我们经常会说今年一季度、二季度以及上半年的经济增长率是多少，由此来预计三季度和全年度的经济增长或下降趋势。比如，个人理财新闻中会根据宏观经济走势来预测某只股票或某个板块股票的市场表现态势。这些都体现了财经新闻的预见性。

　　第四是实用性。财经新闻会及时提供宏观形势、政策解读等方面的信息，

---

　　① http：//www. pulitzer. org/finalists/jessica - silver - greenberg - michael - corkery - and - robert - ge-beloff.

帮助媒体受众了解最新经济发展动态，理解政府和监管部门出台的政策背景与要义，对个人和家庭、对企业和行业都有非常有价值的指导意义。

第五是可读性。如上所述，越来越多的财经新闻借助于数据工具、图形工具和社交工具，把专业的财经问题以浅显易懂的方式呈现给读者和受众，提升财经新闻的传播效果。

此外，财经新闻的信息来源也具有很强的规律性，包括政府部门定期发布的经济数据，常规或者非常规的新闻发布会，经济政策、经济数据、社会经济发展等各种信息的发布，也来源于圈内人士、信息学界方面的研究报告等，这些都是非常有规律的。这就需要我们做一个有心人，关注各种渠道的信息，从而发现有价值的信息。

成为一名财经新闻记者应该具备的首要能力是扎实的专业知识储备，包含经济学基础、管理学基础和个人所关注的领域的专业知识。第二是新闻素养，这是新闻与传播学院重点培养的，培养大家的新闻敏感度、采访写作能力以及讲故事的能力。第三是跨学科的综合能力，包括跨学科的综合判断能力、分析能力、数据抓取能力、数据分析能力。在新闻报道中，新媒体技术越来越重要，我们也应该掌握一定的数据分析能力。

针对财经新闻专业人员，这里也有一些建议。第一，最需要注意的原则是"坚持说真话"，客观真实永远是新闻从业者的价值追求和遵循的第一原则。第二，审查信源非常重要，尤其是当下的互联网时代，各种信源纷繁复杂，我们必须有所甄别，千万不可被不可靠的信源所蒙蔽。第三，一定要有好的选题，无论是上面梳理分类的六个方面财经新闻中的哪一方面，都需要我们认真仔细选题，选择受众最需要、社会最关注、媒体最应该进行解读和传播的信息。第四，增强对报道领域和受众的了解，这跟第三点息息相关。第五，就是财经新闻专业工作者针对所报道的主题、所关注的产业要储备更多的专业领域知识，坚持多方调研、深入分析，做到"不讲外行话"。

三、财经媒体的类别

对财经媒体的分类可以有不同的角度和标准。从新闻报道的组织形式来讲，大体上可以分为四类。第一类是综合性媒体的经济财经报道部门，大的国际综合媒体一般都有强大的财经报告部门和财经栏目板块，比如，《纽约时报》、美联社（AP）、CNN、英国的 BBC、《卫报》以及卡塔尔的半岛电视台等，都有财经报道部门。我国主流媒体《人民日报》、新华社和中央电视台等也有专业的经济报道部门。第二类是专门以财经为主体的媒体，国际媒体中有《华尔街日报》《经济时报》《经济学人》《日本经济新闻》《印度经济时报》等，国内有《财经》《财新周刊》《经济观察报》《第一财经》《上海证券报》《中国证券报》等。第三类是财经信息服务提供商，比如提供财经数据最有影响力的国际传媒集团彭博新闻社和路透新闻社，以及网络媒体提供财经信息服务的专业板块，比如新浪财经、谷歌财经、雅虎财经等。第四类是更为细分的财经新闻媒体，国际上有福布斯、TechCrunch、Politico，国内有中国经济网、和讯，以及投资者的社交网络，比如雪球等。

从媒体属性来分，可以分为媒体报纸类，比如刚才提到的《印度经济时报》《人民日报》《中国证券报》等；期刊类，比如《经济学人》《财经》《财新周刊》等；简报类，比如 Kiplinger，普氏能源资讯等；广播电视类，比如 BBC、CNBC、CCTV、CNN 等；通讯社类，比如新华社、路透社、美联社等；还有网站类，比如 Qartz、TechCrunch 等。

四、关于经济传播

当下，社交媒体受到越来越多的关注，财经新闻报道和传播也发生了很多变化，其中一个非常重要的变化是有更多主体加入了经济和财经内容的报道，除了原来的财经媒体之外，还有不少在线财经内容提供方，比如吴晓波网站和其他很多在社交媒体上活跃的个人财经网站等；再比如，政府部门，像财政部、证监会、央行等都已有自己官方社交媒体，这些主体纷纷传播政策讯息、报道经济发展。金融机构也是如此，银行、证券公司、基金公司、信托公司等开始主动进行财经报道与传播。财经报道与传播主体开始出现了新的图谱，专业财经媒体更多向社交平台延伸；比如：CCTV 的"玉渊谭天"，再比如，人民日报的经济社会部的微信公众号和《财经》的公众号"财经十一人"等。财经新闻报道的主体更多向社交平台去迁徙，很多传统的金融机构也开始成为财经传播的主体。以银行为例，无论是商业银行还是政策性银行，都积极地参与到财经内容的制作和传播中。同时，各主体也积极利用数据分析的手段来了解和精准定位客户，传播经济资讯，发布经济信息。由此，"经济传播"，这一比财经新闻内涵更为丰富的概念引发了更多关注。

经济传播包含了财经信息和财经新闻的采集和生产，也包含了财经和经济新闻的发布和传播，比原来财经新闻报道和生产的概念要更大、更广；同时，这一概念中也纳入了更多的传播主体。这些主体除了传统的财经媒体外，也包含很多进行经济和财经数据发布的机构，比如银行、商业企业等。这是从财经新闻走向经济传播的时代当中，主体多元化的表现。

除了主体多元化，经济传播的内容在许多不同的新媒体平台发布，这是财政新闻报道传播方式的变迁。在这个过程当中，新技术给我们提供了更多元的呈现方式，帮助我们在传播经济信息时不再局限于传统的文字，也会有更多的AR视觉产品、主播Vlog等。在很多金融直播间里，利用数据工具可以实时直播讲解行情，甚至进行喊单和报价，直接发生金融交易行为，这些都是技术赋能的背景下财经信息内容传播的新功能。同时，技术也给经济传播增加了互动属性，像在金融资讯的App，如同花顺、东方财富、雪球等，得益于新技术的应用，用户在使用这些平台时可以进行分享，从简单的财经新闻报道走向社会化的经济传播，使更多受众了解金融知识，了解个人理财知识。再者就是垂直化的过程，通过纵向整合，金融平台可以提供很多匹配功能，比如当用户搜索一项财经信息时，平台可以帮助打造更多垂直的产业链；再比如平台发现用户在搜索智能化手机的相关信息时，系统就可以定点推送相关的、感兴趣的产品信息，形成更多垂直的、延展的服务。

无论是从内容的角度，还是从组织的角度，经济传播都会在未来继续向专业化、纵深化和数据化进一步发展。同时，我们也应该看到，还有很多经济领域需要我们关注，比如能源领域、环境领域、亚太区域经济、中国经济发展等。再比如财经数据的服务，地域发展差异较大，国际知名的有彭博社和路透社，但在中国，财经数据服务仍有极大提升空间。我们都知道，在提供财经信息方面，财经数据库是非常重要的，因此未来提供更好的财经数据服务，也应是我们可以努力的一个方向。

另外，用户生产内容（user generated content，UGC）的趋势不断发展，未来我们要去关注更多的专业化和个性化的内容。专业化的内容重要，个性化的内容也同样重要。比如消费者在进行理财时有个人诉求，那么如何针对个人诉求去提供更多的个性化服务，就是未来发展所需要重视的。在进行财经报道、财经信息传播时，用户生产内容越来越常见，面对这样的趋势，财经媒体和未来年轻的从业者该如何应对，如何去提供更好的个性化、互动性新闻产品，下一代终端的发展形态，未来的商业模式，如何将服务持续、有效地货币化，如何创新更加多元的服务和规划方式等，都是我们在未来发展当中需要考虑的问题。

最后，总结一下今天讲课的内容。我们从财经新闻的范畴及其类型、财经媒体的类别、国际视野的财经新闻报道以及经济传播的概念等方面为同学们进行了介绍，给大家提供了一个学习和了解财经新闻的框架。课上的内容有限，但是我相信，从这些内容中，大家可以体会到财经新闻报道和经济传播中更加专业、更加个性化和更加融合的趋势。

谢谢大家！期待与大家一起开启愉快而富有收获的学习之旅。

观察经济新闻事件的多维视角

肖振生　中央广播电视总台新闻中心副主任

今天想跟各位分享观察经济新闻事件的多维视角，主要是对蚂蚁集团 IPO 暂缓事件进行剖析。我想尽可能把事件的来龙去脉和一些思考跟大家进行分享。再需要说明一点，我是从财经新闻生产工作链条的上端切入，更多谈的是我们怎样发现资源，怎样去分析资源、判断资源，然后形成自己的报道视角，以及我们从中应该学的是什么。我讲的和具体的新闻实务有一点脱离，并不是说我讲的和新闻实务没有关系，恰恰这是做好新闻实务的第一步。

一、蚂蚁集团 IPO 事件梳理

2020 年 11 月 3 日晚上 9 点，蚂蚁集团上市程序被终止。上交所当天发布声明称，由于实际控制人和董事长、总经理被约谈，所处的金融科技监管环境发生重大变化，重大变化的事项不符合发行上市条件或信息披露要求，所以上交所决定蚂蚁集团暂缓上市。一小时后，港交所发布类似声明。此时距离上市仅剩两天，这场被全球瞩目的 IPO 在一片惊讶中戛然而止。从几个月前蚂蚁集团高调启动上市，到用最短的时间通过了证监会的审核注册，这期间蚂蚁集团在社会、在业内形成了非常大的想象空间，结果被监管部门以一种很多人没有想象到的方式果断叫停，可以说是大喜大悲、大起大落、人声鼎沸，浮光掠影，令人眼花缭乱。

但是大家要反过来想，这件事情从整体来讲并没有引发波涛汹涌的舆情，相反，舆情走向基本上符合我们在舆论引导时预期设计的效果。这又说明了什么？所以当舆论基本上平息之后，要反过来想，我们做对了什么？

但是不管怎么样，这仍然是一个惊心动魄的事件，这件事无论从其本身来讲，还是互联网金融发展的环境变化，抑或是这件事带来的深层次思考，都远没有结束。并且我个人认为这件事将在世界金融史上留下浓重的一笔，也可能成为互联网金融发展历程中的一个转折点，意味着过去资本野蛮生长的时代基本上结束了。

从 1949 年新中国成立到现在改革开放 40 多年，可以说没有任何一个历史时期比当下更重视金融工作。金融是现代经济的核心，又被称为"第二国防"。另外我们经常说经济是最大的政治，而金融又是经济中最重要的政治。对我们从事财经新闻报道的人员来讲，我们的报道从来不应该是仅仅满足于提供基本要素的程度。经济新闻尤其是金融新闻，它作为跨学科的领域，更需要透过事实、透过数据来洞察、来求证背后的真相。还要了解错综复杂的关系，当事人的决策动机、兴趣偏好，世界的自我进化演变，进而推论出可能的走向和结果。所以本堂课的侧重点在于，在重大的经济新闻事件面前，明辨事实、解读数据、剥丝抽茧，发现、思考、理论、推断能力的培养。

我先给各位讲一下事件的进展。蚂蚁集团是蚂蚁科技集团股份有限公司的简称，起步于 2004 年成立的支付宝。支付宝当时筹建的小微金融服务集团，成为蚂蚁金服的前身。2020 年 7 月，蚂蚁金服正式更名为蚂蚁集团，旗下拥有支付宝、余额宝、招财宝、蚂蚁聚宝、网商银行、花呗、芝麻信用，金融牌照上还有银行、支付、小额贷款、基金销售、期货，保险代理，它是全金融领域的牌照，并且正在组建消费金融公司。蚂蚁集团目前已经成为最大的第三方支付平台、线上消费信贷平台、小微经营信贷平台、线上理财服务平台和线上保险服务平台。

蚂蚁金服现在已经拥有超过 10 亿的活跃个人用户，机构用户超过 8 000 万，每年支付额大约是 118 万亿人民币。2020 年前三季度收入达到 1 181 亿元，增长 42%，主要来自金融科技平台的收入增长，毛利润达到将近 700 亿元，增长了 74%。2020 年蚂蚁集团最终估值定格在 3 130 亿美元，从 2017 年到 2019 年市场估值翻了 7 倍。蚂蚁集团在线下主要有两个小贷，分别是重庆蚂蚁商城小贷和重庆蚂蚁小微小贷。

总的来说，目前蚂蚁集团在国际上找不到任何一家公司和它对标。我们经常讲它是大而全、大而新，并且很难用传统的金融、非金融机构来界定，也很难用传统的科技公司来界定，它是一个全新的东西。但不管怎么评价它，蚂蚁集团对于中国金融体系的影响，已不亚于一家大型商业银行，这是蚂蚁集团的基本形象。

2020 年 7 月 20 日，支付宝母公司蚂蚁集团"官宣"启动上市计划，计划将在上交所科创板和港交所同时上市；8 月 14 日，证监会浙江监管局官网公示了蚂蚁集团辅导备案文件；8 月 21 日，证监会发布公告显示已接收蚂蚁集团境外首次公开发行股份的审批材料；8 月 25 日，上交所受理蚂蚁集团科创板上市申请，蚂蚁集团同时向上交所和港交所递交了招股书，上市迈出了关键性的一步；8 月 31 日，上交所官网显示蚂蚁集团科创板 IPO 审核状态变更为已问询；9 月 7 日，公司回复了科创板上市委的首轮问询；由于社会各界对它的成长性和未来发展空间陷入了一种非理性的状态，9 月 17 日，蚂蚁集团估值从 2 250 亿美元上调至 2 500 亿美元；9 月 18 日，蚂蚁集团成功过会，从正式递交申报稿到上会仅用时 25 天，仅次于中芯国际（19 天），这个问题是值得深思的；9 月 22 日，上交所官网显示科创板拟上市公司蚂蚁集团提交注册。

刚刚梳理的是蚂蚁集团的一条线，再看另一条线。10 月份开始，央行连续发布中国人民银行法修订草案征求意见稿、商业银行法修改意见稿；10 月 16 日，证监会允许蚂蚁集团赴港股上市；10 月 21 日，这是很关键的一个环节，证监会同意蚂蚁科技集团股份有限公司科创板 IPO 注册。同一天，在北京 2020 金融街论坛年会上，中共中央政治局委员、国务院副总理刘鹤致辞表示，对资本市场要坚持"建制度、不干预、零容忍"方针，提高上市公司质量，强调"坚决化解各类风险"。中国人民银行行长易纲也提出改善监管，要明确银行和非银行的业务边界。央行副行长兼国家外汇管理局局长潘功胜则透露国务院 9 月发布的《关于实施金融控股公司准入管理的决定》将于 11 月接受申请。

大家再看蚂蚁集团这条线。10 月 23 日，挂牌上市时间由 11 月 6 日提前到 11 月 5 日，蚂蚁集团估值区间为 3 330 亿美元至 4 750 亿美元，折合人民币约为 2.2 万亿至 3.2 万亿元；然后最关键的时刻来了，10 月 24 日，马云在 2020 外滩金融峰会上发表演讲，主要谈了三个观点：

第一，巴塞尔协议比较像一个老年人俱乐部，不适合中国，中国不是金融系统性风险，中国金融系统性弱，是缺乏系统的风险。而与此相对应的是，中央高层对于长期以来结构性发展所积累的金融风险问题、长期国民总负债的问题、房地产的债务问题、地方债的问题、僵尸企业的问题一直非常关注，反复强调金融风险要守住、不能突破底线，是我们国家治理体系和治理能力的一个重要的、突出的问题。

第二，银行延续的还是当铺思想，抵押和担保就是当铺思想，是不可能支持未来 30 年世界发展对金融需求的。对这个问题应该分两面来看，一方面，抵押和担保是传统银行的主要风控方式。传统银行金融业主要解决两大问题，一个是信用，一个是风控。因为一个企业倒了，是打个小喷嚏，银行一倒那就是重感冒，它是有合理性的，不能简单地说它就是一个不能支持未来需求的当铺；另一方面，在当下的数据化时代，要在金融衍生和创新领域实现更大效应的资金流转流通，实现普惠的金融服务，确实需要一些创新的做法，这个也是对的。

第三，金融应该创新用大数据为基础的信用体系来取代当铺思想。什么意思？就是马云主张要用类似于支付宝、阿里巴巴的平台对顾客画像形成一种负面清单和信用体系，用这样的方式来取代通过实物担保和抵押来化解、控制银行风险的方式。但是这个问题是有争议的，其中一个重要争议是，对一个人进行数据画像，可能在很大程度上确实能够解决小微、次级贷没有办法通过传统的抵押和担保来进行风控的问题。但是这只能对一个人过往的信用进行评价，如果这个人很讲信用，那么对未来的金融风险是可控的；如果他未来还不上钱，或者他就不想还了，你又能把他怎么样呢？一个人是这样，但蚂蚁集团有

10 亿的用户，8 000 万的机构用户，有 118 万亿元的支付额，这就是很大的问题，所以是有争议的。

在马云发表演讲之前，王岐山副主席发表了一个视频致辞，主要谈的是对中国金融业提出"三要"：要服务于实体，要坚持防范化解金融风险，要创新和监管并重。他说完之后马云就说了刚才的那三点，大家就会产生很多的联想。另外，王岐山副主席在会上反复强调，金融不能走投机赌博的歪路，不能走泡沫、自我循环的歧路，不能走庞氏骗局的邪路。在防范化解金融风险方面，金融业安全性、流动性和效益性当中，安全性永远是第一位的。

10 月 26 日，蚂蚁集团发布首次公开发行股票并在科创板、港交所上市发行公告，确定发行价格，科创板定价为每股 68.8 元/人民币，港股每股为 80 港元，总估值约为 2.1 万亿人民币。同一天，光明网发表了题为《马云所言或为危言耸听却张冠李戴》的评论员文章，这篇文章说得很坦率，说从马云先生的发言来看，他就是个外行、非专业人士。

10 月 27 日，蚂蚁集团网上路演。同一天，《人民日报》主管的《证券时报》发表了题为《把金融监管对立化有失公允》的文章。这篇文章说，简单地把监管对立化，抱怨监管的硬约束，于现实、于逻辑上都讲不通。这篇文章表达了一个主题：在可预见的时期内，外部的监管和约束不会有本质的放松，只是随着技术的进步，监管将更有效率；只有在有效的监管框架内，金融业务的创新才有足够的拓展空间。

10 月 29 日，蚂蚁集团开启线上、线下同步申购，29 日晚间，蚂蚁集团发布 A 股网上发行申购情况和中签率公告。

接下来看 10 月 31 日，这是整个事件的转折点。31 日，刘鹤副总理主持国务院金融稳定发展委员会专题会议时提出"整治各种金融乱象""依法将金融活动全面纳入监管"等指示。金融委专题会议指出，当前金融科技与金融创新快速发展，必须处理好金融发展、金融稳定和金融安全的关系；既要鼓励创新、弘扬企业家精神，也要加强监管，依法将金融活动全面纳入监管，有效防范风险；监管部门要认真做好工作，对同类业务、同类主体一视同仁。要监督市场主体依法合规经营，遵守监管规则。

10 月 31 日至 11 月 2 日，央行旗下媒体《金融时报》连续发布《关于金融创新与监管的几点认识》《大型互联网企业进入金融领域的潜在风险与监管》《在金融科技发展中需要思考和厘清的几个问题》三篇文章。文章指出，大型互联网企业进入金融领域会带来垄断和不公平、产品和业务边界的模糊、数据泄露侵权风险、系统性风险等一系列问题。所以这三篇文章的一个普遍观点是，当科技巨头进入金融科技领域，发展成系统性的、大型的互联网金融企业的时候，必须要明确它的金融属性，要全面纳入金融控股的监管框架，并且认为目前的金融科技业务和传统银行没有本质区别。文章还认为，一些金融科技公司诱导过度负债消费，造成了巨大的风险，是有问题的。

11 月 1 日，蚂蚁集团打新，网上摇号中签结果公布。A 股认购金额达到 19.1 兆元人民币，什么概念？19.1 兆元人民币相当于 2019 年美国 GDP 的总量。

11 月 2 日，这又是一个转折点，中国银保监会与央行等部门出台《网络小额贷款业务管理暂行办法（征求意见稿）》，又是一把利剑。现在看这个规定不是匆忙赶出来的，实际上已经筹备了很久了。一开始是规范整个互联网金融集团，但是马云演讲风波之后，这里边加了几条，包括联合贷款的出资比例、地域的限制、跨地域的审批要收缴到银保监会等，明显是针对蚂蚁金服的。

11 月 2 日，央行、银保监会、证监会、外汇管理局四部门对蚂蚁集团实际控制人马云、董事长井贤栋、总裁胡晓明进行监管约谈，这又是个大事件，约谈的效果是很严厉的。当天，银保监会消费者权益保护局局长郭武平发表文章《"花呗""借呗"侵害消费者权益值得高度关注》，他有几个观点：第一，这些新兴的金融科技公司的客户都是金融消费者，所以这些"花呗""白条""任性付"等产品和银行信用卡没有本质区别；第二，他认为现在的小额贷款号称是普惠，但实际上是普而不惠。这是给这个事情做了一个定性，因为缺少这方面的规则和要求，所以出现了很多的监管套利行为。他提出，金融科技公司对缺乏还款能力的低收入群体、年轻群体缺乏信用的有效评估，往往形成一些过度授信，并且机构收取的费用实际上比一般的银行小额贷款还要高；第三，金融科技进入大型传统的金融业之后，使得传统金融更加依赖购物、交易、物流信息，形成了风险的转嫁。所以郭武平这篇文章力度是很大的，是直接推出来的署名文章。同一天，《经济日报》也发表文章《关于金融创新与监管的几点认识》，提出要正确认识金融监管和创新的关系，正确认识金融科技的特殊风险问题。

11 月 3 日，上交所和港交所分别发布声明，决定暂缓蚂蚁集团上市。当天蚂蚁集团发布回应：蚂蚁集团暂缓上市，将会"稳妥创新、拥抱监管、服务实体、开放共赢""坚持初心和使命，继续用热情、专业、担当，致力于为广大小微企业和大众消费者做好服务。"

11 月 4 日，《人民日报》发文指出，金融安全是国家安全的主要组成部分，防范化解金融风险，特别是防止发生系统性风险是根本任务。

11 月 5 日，中国证监会新闻发言人表示，蚂蚁集团暂缓科创板上市是上交所依法依规作出的决定。

11 月 6 日，中国央行副行长刘国强表示，央行将按照规范发展与鼓励创新并重的思路，继续依法依规开展金融监管工作，引导金融创新回归服务实体经济的本源，坚守不发生系统性金融风险的底线。同日，中国银保监会副主席梁涛也表示，对同类业务、同类主体要一视同仁，与其他监管部门一道对市场主体依法合规经营进行监督。

11 月 14 日，中国政协常委经济委员会主任，原中国银行业监督管理委员会主席尚福林在第十一届财新峰会上表示，要建立适应经济社会发展的现代金融体制。

11 月 15 日，阿里巴巴接到了第一份诉讼，美国纽约州南区地方法院提起集体诉讼，指控阿里巴巴公司在 2020 年 10 月 21 日至 11 月 3 日期间，就公司的业务和运营状况及发展前景进行虚假陈述，未向投资者披露重大不利事实，造成了误导。这是第一个官司，后边可能还会跟着一批。

我们现在来分析和推断，蚂蚁集团的互联网小贷深度参与传统金融系统，形成高的杠杆率，在短时间内发展成一个互联网金融的"商业帝国"，它对于自身可能遭遇到的政策环境和监管环境的变化，其实是知道的，但是它仍然不断加速。从另一个角度来讲，我们监管领域对于蚂蚁集团 IPO 可能产生的后果，从一开始也没有认识得那么清楚，是有争议的，央行认为你不能超过 10倍，超过 10 倍你就有问题；证监会说我按照注册法的规定，你是没有问题的，我就要放行。所以就这些新的问题缺乏统一协调，最后不得不以两列高速火车相撞的方式来结束这件事。现在回过头来看，在处理这个问题的时候，是否可以有更好的办法？我觉得各方人士都需要反思。

二、观察蚂蚁集团 IPO 事件的视角

我刚才把这个过程梳理了一下，这是一个重大的新闻事件，两条线之间实际上是有交错的。当然这里边有几个关键点，首先是马云的演讲，然后是金融委专题会议，之后就是约谈和叫停，最后以蚂蚁集团的表态收尾，这件事算是停下来了，但产生的漩涡还远没有停止。对于我们做财经新闻报道的人来讲，我们可能在不同的岗位、不同的平台工作，要满足所属机构的一些不同要求，但是把事实的脉络搞清楚，这是首要的前提，在此前提之上我们还要分析。我们要从哪些维度来看这件事？

第一个视角，"马云膨胀、裹挟舆论、祸从口出、树大招风、叫板炮轰监管、挑战中央权威、求锤得锤"。阿里巴巴在过去很多年里，通过各种方式参股甚至是控股了不少媒体。对于这个问题，前两天中宣部副部长徐麟同志有一个讲话，说要警惕资本对意识形态领域的渗透和干扰。通过资本的力量来干预、干扰新闻宣传工作，是不允许的。另外，在对未来监管环境有重大变化有着明确认知的前提下，蚂蚁集团仍然全力冲刺。当它冲刺之后，不管是破发也好，还是把投资者拴住也好，在和监管方面进行博弈的时候，就会有更大的砝码。目前 IPO 有 660 万个投资者，其中境外 150 万，国内 510 万，都是有很大的影响力的，所以在这个问题上难保它没有一个特定的目的。就是不管监管怎么样，先冲上去，当有了更大的博弈能力的时候，再跟政府谈，从而实现效益的最大化。所以表面看来这是一种很任性的方式，其实不是。对于一个"商业帝国"的掌舵人来讲，恐怕不能说它是"任性"这么简单。

第二个视角，"复杂的股东网络，戴着面具的饕餮者，超级富豪制造者"。网上可以看到蚂蚁集团的股东构成，从境外投资机构来讲，新加坡占了7%，马来西亚占了3.56%，加拿大占了3.28%，还有国外各种风险机构占了18%。再看境内，包括社保基金2.9%，中金公司2%，中国人寿1.29%等，这是它主要投资机构的股权比例。当然还有马云的朋友圈，有卢志强、史玉柱、郭广昌，还有中金系、博宇系、全华系、云峰系等。这个问题怎么看？我们经常讲，企业家精神主要来源于对剩余利润的占有，但是在肯定剩余利润对企业家精神、创新精神的重大激励效果的同时，总觉得这里边有一点问题，这个问题就在于短时间内形成的"商业帝国"，IPO之后可能会给国家带来巨大系统性风险的包袱和隐患，这样一件事成为一批超级富豪的饕餮盛宴，多少让人感觉有点不太协调。

第三个视角，已经完成上市程序的企业，突然被中止上市，这是全球IPO市场头一遭的个案。这一事件在境外遭受了一些质疑，但其实内部也是可以说得清楚的，在注册制规定中，已经通过IPO注册，但是在最终上市之前发现一些重大的影响环境的条件在变化的时候，上交所是有权力终止的，不过确实这个事情也带来了一些负面效应。

第四个视角，蚂蚁集团正在遭受金融行业和金融监管的围剿？这个也不是。其实蚂蚁集团在招股书中对可能出现的监管政策变化的风险做了一些比较系统的表述，把所有的几个板块都谈到了，说合作板块受广泛的法律约束，未来的法律法规可能施加额外的要求及义务，可能对我们的财务状况、经营业绩造成重大不利影响。招股书还提到中国目前网络借贷和金融消费不断发展，有可能在政策和法律要求下调整业务运营等。上交所在这方面的规定也很清晰，发行上市前，对于发行人是否符合发行条件和信息披露要求，可以重新审核，是有权要求发行人暂缓上市的。

第五个视角，蚂蚁集团是技术公司还是金融公司？蚂蚁科技集团股份有限公司是今年改的名字，而在此之前，还有一些企业也改了名字，比如京东金融更名为"京东数科"，小米支付更名为"小米数科"，不再与"金融"有关。这些公司早早就预见到，它实际上是一种全新的形态，通过科技和金融对接，是一种复合型的互联网科技金融公司。但是在金融市场上，对金融公司可能产生的市场溢价，大家有比较理性的认识，在这个方面要讲故事，泡沫是吹不大的。尤其是又谈到通过其他的业务形态产生大量的核心数据，提炼出更有价值的内部征信系统并将其作为核心竞争的时候，这个故事讲起来可就大了。所以为什么说蚂蚁集团用30亿撬动了3 000多亿？为什么今年上半年光利润就将近700亿元？为什么它已经成为众多商业银行不可缺少的平台？实际上它的价值就在于通过技术手段来撬动传统金融领域，但是它盈利的方式还是传统金融的方式，只不过它提供了一种新的嫁接手段。

所以说在这个问题上，我们怎么来看待它究竟是个金融公司还是科技公司？金融科技是一种技术驱动的创新活动，能不能忘记它的金融属性，它能不能违背金融运行的基本规律？我们国家的网贷、虚拟货币，很多都是用金融科技的名义，金融科技确实带来了很多的新的问题，包括速度快、关联广、影响大等。我们回过头来看马云的演讲，他希望更多地把它作为一种科技公司，而不是金融公司，希望通过科技公司的界定，一方面规避金融属性的监管，另一方面产生更大的溢价。蚂蚁集团实际上是从支付宝来的，有银行、基金、财险、小贷等全部的牌照，表面说来从银行挣的是技术服务费，但实际上它拿的是银行的存贷差，又把风险转嫁给了银行，最终出现问题还是要传统银行来兜着。马云的账算得很清晰，传统银行仍然是被他捏着软肋的。但是后边我还要讲，从另一个更客观的角度来看蚂蚁集团对金融创新的贡献，以及对打破当下金融市场二元结构的正面效应。

所以我反复讲，在看待这一问题的时候，要在理顺基本事实和数据的基础上形成你看问题的视角，然后生产满足于你所在机构的一些不同的报道。是用评论的方式，是用新闻系列报道的方式，还是用专访的方式，这都是你的问题，可以产生无限的可能性。在这之前你必须要看清楚，你的视角是什么？蚂蚁集团事件有巨大的体量和影响力，涉及的投资信用的管理、传统机构的利益分成、消费者权益、核心数据是否造成垄断等一系列问题，都要归到它到底是金融公司还是科技公司。

第六个视角，蚂蚁集团的数据画像。我们经常讲大数据时代要经常画像，那么蚂蚁集团的核心竞争力就对每个人画像，这在过去没有互联网技术的时候是没有办法实现的。而互联网技术对社会进步的最大推动，就是满足每个人个性化、差异化、碎片化的需求。人类文明的进步，从根上讲就是释放个性、尊重个性、激发个性、满足个性。蚂蚁集团的核心竞争力就在于它通过你购物、支付、出行等数据，对每个人形成了一个画像，从而形成信用评级。当然它只能对过去的经历画像，没有办法来预测机构和个体未来会怎么样，也可能我过去很讲信用，但从今天开始我就不讲信用了，不过这种概率是很低的。

接下来我们也来给蚂蚁集团做一个数据画像。第一个画像，蚂蚁集团的主要收入分为4个板块，数字支付、微贷、理财和保险。支付宝交易额是118万亿元，预计到2025年会有412万亿元的交易规模，年度增长率会达到29%；微贷现在有"花呗""借呗"和"网商贷"，目前是2.2万亿元，估计到2025年，会在总规模50万亿中占到4%～5%；理财现在是4.1万亿元；保险现在是518亿元。2020年前6个月，仅微贷一个平台就实现了286亿人民币的收入，增长了59%，占集团总收入的40%。还有一个数据很有意思，它只有2%的借贷体现在资产负债表上，什么概念？这么大体量的额度在负债表上体现出的只有2%，基本上是无本生意，并且不用担风险，风险是谁的？一个是银行的，一个是通过ABS后转给了投资者。

第二个画像，看它的利率。银保监会消费者权益保护局局长郭武平说它是"普而不惠"，根据蚂蚁集团公布的数据，到6月底之前的12个月间，有5亿用户通过花呗、借呗获得消费信贷，日利率约为0.4%，年利率约为15%，大约是从传统银行获得小额贷款平均利率的两倍。

第三个画像，蚂蚁集团A股发行价是68.8元，按照发行价来确定总市值约为3 130亿美元，这是什么概念？按这个市值超过了工商银行、农业银行、中国银行、建设银行、交通银行和邮储银行，并且超过了上市银行市值第一的摩根大通。这些银行有的成立了上百年，掌管了几十万亿的资产，而蚂蚁集团成立不过短短16年，总资产是工行的1%，很厉害。

这是我们给蚂蚁集团做的几个简单的画像，都是公开的数据，通过这样的画像，你可以看得出蚂蚁集团的钱是怎么赚的，通过什么渠道赚的，赚的钱最后流到了哪里？它赚钱之后产生的可能的风险是什么？是不是真的是普惠？很多问题都需要逐步去厘清，不把这个画像画清楚，你是没有办法看透蚂蚁集团的。

第七个视角，近年来中国金融领域发生的"暴雷"事件频频不断。比如安邦保险在短时间内，通过杠杆、并购等一系列动作，形成了一个很大的"帝国"，结果实际上是空壳，很多都是违规的。最后银保监会派了一个小组把安邦接管了，把它的债务和业务进行分解，形成的呆坏账通过各种方式化解掉，现在安邦已经不存在了。

包商银行今年10月13日发布公告，说对65亿元的二级债全额减记，什么叫减记？就是不再支付，不还了，把这个钱给抹了，造成投资人的重大损失。减记在我们国家银行的二级资本债上是首次，包商银行为什么出现这个问题？主要是因为它大股东占款，这个大股东就是肖建华的"明天系"。"明天系"在短短的时间内控制了一些上市公司、证券公司、保险公司，并且拿到银行牌照等，发展极快。并且"明天系"的一个主要的运营方式是隐匿、保密，所以在很长一段时间内，大家都不知道为什么它如此迅速地发展成为一个"金融帝国"。最后才发现，"明天系"通过注册209家空壳公司，以347笔借款的方式套取信贷资金，形成的占款高达1 560亿元，且全部成了不良贷款。

这些年我们国家一些服务于所在区域的小微银行出现大量的问题，根本上还是在于金融资本市场二元结构的问题，就是它拿不到优良的存贷资金，所以就想方设法采用一些违规的方式、打擦边球的方式，来解决资本金冲击率等问题。

另外，这两年P2P小贷爆仓的数量很惊人，央行数据显示，到今年9月末，全国小额贷款公司有7 227家，有250家可以开展网络小贷。这些网络小贷在一个地方注册，但是业务遍及全国，并且也通过资产证券化的方式来提高杠杆。到9月底，这7 000多家小贷公司有实收资本7 900亿元，贷款余额达到9 000多亿元，有的还有全额的牌照，蚂蚁集团就属于这种情况。这些都对我们国家形成了长期的金融风险的暴雷点。在这种态势已经把很多地方政府搞得焦头烂额的时候，马云却来了这么一番讲话。

第八个视角，中国长期采用扩张性财政政策和货币政策带来的金融风险。房地产业给我们带来了金融风险，美国次贷危机怎么来的？是因为在扩张性的财政政策和宽松的货币政策之下，贷款给一些信用不太好的用户，以为把房子抵押给金融机构就可以消除风险。最终的抵押品就是房子，而房价一旦下跌，这个抵押品就不值钱了，成为银行的包袱。结果最后美国房价还是降了，于是次贷危机爆发了。

我们国家这些年因为房地产业、地方债务和僵尸企业，长期积累了大量的金融风险。在供给侧结构性改革推出的那一年，我们的负债率大约是280%，什么概念？美国次贷危机时负债大约250%，日本泡沫时期大约230%。我们的国民总负债在整个国民财富当中占的额度已经很高了，所以国家过去几年里推出了"三去一降一补"，即去产能、去库存、去杠杆、降成本和补短板。而去产能、去库存最终体现在去杠杆上。比方说一些长端产能的一个主要体现就是卖不出去，卖不出去就不能形成循环，钱就收不回来，就会变成银行的呆坏账。去库存主要是房地产业，库存的房子数量居高不下，没有办法实现资本的回流，仍然是一个杠杆问题。

还有僵尸企业。我那年到天津去调研，我说你们有多少僵尸企业？当时一个企业代表跟我们说，僵尸企业90%都是国企。这个企业代表还说，三年前给我一个亿我就能让这个僵尸企业死了，但是现在给我五个亿也死不了。

我到黑龙江调研，黑龙江发改委的同志跟我讲，说我们要彻底了结一个僵尸企业，过去首先要解决厂办大集体的问题，大集体是什么？是当年的国有企业为了解决职工子女回城就业安置问题，成立的集体性的企业，那是当时的一个权宜之计。而这些大集体早就该消亡了，它是一个短暂历史时期的问题，很多大集体的员工也都自谋出路了，因为这种企业的收益不可能好。结果一说企业要关掉了，很多在外边已经再就业好多年了的人又回来找，说你这个大集体还有我一份，所以这些企业想死都死不了，最后都变成了金融的负担和风险。因为这些企业从银行贷款解决他们的工资发放，长期积累了很多的金融风险。而这些金融风险有的是周期性的，更多是结构性的，成为我们国家极力想要化解的问题，急了不行，慢了也不行，是一个很大的负担。

另外从今年的情况看，金融风险仍然是有很多地方在冒泡，有引爆的趋势。比如最近河南永城煤电集团有到期债务违约，还不上了，现在正在寻找解决办法。它是个大国企，企业发行信用债券，结果到期了不付息、不付本，这对国有企业债券的信用市场是巨大的破坏。我们这两年的债务违约量很大，一个民间机构统计的数据显示，到今年11月份，已经有109只债券、1 260亿元的债务违约，而这个数据在2016年的时候只有56只债券、393亿元，债务违约呈现一个上升的势头。

所以我给各位讲这些视角，当你站在一个更高的、更宏观的角度来看待蚂蚁集团的事情，你就会知道蚂蚁集团在加速奔跑的时候，我们的监管机构也在加速收紧监管的力度。另外，我们从第一个视角谈到第八个视角，是从观察具象的现象逐步走向理性分析的过程。

第九个视角，中国的互联网产业走在世界的前面，互联网金融的创新也已经走在了世界的前面。我前面说过，对蚂蚁集团进行财经新闻报道的时候，我们要时刻提醒自己，我们的报道是否是客观的，是否是多元的，是否是均衡的？如果说蚂蚁集团一开始就是个巨大的错误，那为什么监管部门会那么快的放行它？所以我想说一下这个视角。蚂蚁集团在互联网金融创新方面是否也应该有它的一些价值？当众人在嘲笑马云和蚂蚁集团的时候，嘲笑那些吃相难看的资本盛宴的饕餮者的时候，我们新闻人要逆向想一想，他们是否创设了一种模式，在没有传统银行那么优质的、固定的、可持续的资本来源的情况下，挖掘那些长期得不到金融服务的小微群体，在这一点上是否有它的可取之处？是有的。

举个例子，全国妇联长期关注如何给贫困家庭的女性提供帮助，在贫困地区推出了一个妇女小额贷款的项目。全国妇联到财政部争取了一笔钱，作为小额贷款的担保基金。给贫困地区家庭中有一定的技能、愿意接受资助的妇女提供小额贷款，用来做养殖、纺织、手工等，不需要提交担保物，如果出现违约就靠从财政争取来的担保基金来还。全国妇联用这种方式一年扶持几万个贫困家庭的妇女，解决了这些家庭的脱贫问题。那么如何选取贷款对象？还是根据信用来判断，比如会通过村民评议的方式选取讲信用、邻里关系好、孝敬老人的女性来发放贷款。这种信用评议的方式和现在蚂蚁集团的做法很相似，当然它没有蚂蚁集团这么大的服务范围。

刚才讲蚂蚁集团画像的时候，有一个数据没给大家讲，就是蚂蚁集团完成的几亿笔贷款，坏账率只有1.23%，这要比现在大银行的呆坏账率还要低，并且没有国家一分钱的本金。你们不要觉得我刚才好像说了蚂蚁集团那么多坏话，现在又来讲它的好话，我只是告诉你们看问题要客观，要理性，要均衡，要多元。在财经报道当中，一定要避免用极端的视角看待问题，无论是出台一个政策还是推出一项措施，你永远不要指望它都是坏的，或者都是好的。

另外我还谈了蚂蚁集团那么多的股权给了境外投资者，给了他的朋友圈。但是，蚂蚁集团毕竟是打算在国内上市，没有到美国去，像这样的头部企业都是优质资产，而马云宁可放到国内来，是否是觉得这么大的利益还是要给国人留一份？

第十个视角，金融创新的超前和监管的滞后。对于监管这个领域来讲，我们有央行、银保监会、证监会和外汇局，那么在它们的职责范围内，是不是也需要从工业时代的金融监管，向信息时代、数字时代的监管转变？我们现在监管落后主要有两个原因：第一，总是实践和创新在前，监管在后。我最早是法学出身，对于上升到理性的、形成一种规范和约束的东西，无论从它的程序来讲，还是从它的内容来讲，总是要出现在后面的。第二，现在互联网金融发展很快，监管系统很难及时弄清楚。从国内来看，这几大互联网巨头的数据、算法，无论作为商业核心机密来讲，还是发展的更新换代来讲，国家行政的、体制内的机构，无论从财力上、技术手段上、发展方式上都根本弄不清楚。更何况这些内容在发展过程中还在不断更新，并且变化非常快，监管部门还没搞明白，它都干了好几轮了。传统金融投出去、收回来、再投出去、再收回来可能需要三年，互联网金融可能仅仅需要几天。所以我们的监管确实长期处于一个被动和滞后的状态。当然这次终止蚂蚁集团IPO也是监管部门的一大壮举，不过根源不在于这些监管机构，而在于金融稳定发展委员会的那次会议，会议一开完，几个部门就出现了那么多的联合行动。一些大的互联网创新机构通过各种名目形成了"商业帝国"之后，真正到了大而不能倒、投鼠忌器的时候，监管的问题就更为复杂。

第十一个视角，长期以来实体经济，得不到合理的金融支持，严重影响了国家的制造业战略。大家可以看看习近平总书记的讲话，关于金融的定位、功能和工作重点，反复讲服务实体、化解防范金融风险、不要损害消费者利益等。长期以来我们国家脱实就虚，这个问题很严重。我们靠金融创新，玩钱的游戏，是没有办法把国家建成一个世界级强国的，还是要回到制造业上，而现在我们的制造业还有多少是挣钱的？传统金融单位对一些小的、成长性好但又缺少担保和抵押物的公司，没有办法形成金融支持，一些创新产业最终拿不到钱，就很困难。银行是嫌贫爱富的，它愿意做锦上添花的好事，是不愿雪中送炭的，是希望风险控制在最低，而利润最大化的。

但是国家战略是什么？这个问题怎么解决？我给各位讲一个甘肃扶贫的小故事，甘肃省有好几个地方都是国家级重点的贫困地区，大约有300万贫困人口，怎么解决这些问题？甘肃省财政厅长上次来跟我谈，说他找到一个很好的解决办法，由财政拿出一笔钱作为呆坏账的担保基金，然后通过这个钱进行杠杆，把社会、国家、转移支付等的钱集中在一起，大约筹了几百亿，这就是很大一笔钱了，这个钱怎么来用？可以贷款给贫困户，比如一户贷5万元，但是这个钱怎么花，要由扶贫干部来决定。比如扶贫干部或者第一书记负责某一户经营大棚，先允许你花3 000元去买材料，再花2 000元买种子，也就是花钱必须要取得驻村干部和第一书记的同意。而对于那些扶不上墙的贫困户怎么办？就把应当贷给他的一部分钱作为无偿贷款，把钱拨给龙头企业，让贫困户到龙头企业去打工，他的5万块钱做股份，年终分红时分给他一点。如果这个账出了问题，就用财政出的几十亿担保钱来还。这个办法就把社会资金、财政资金、干部、贫困户本人、工厂全都捆在一起了，很有效。

后来听说中央很肯定这个方式，当时中央负责脱贫问题的汪洋主席给予了很高的评价。我就想，实体经济长期得不到金融扶持，能不能通过蚂蚁集团这样的创新方式，通过一些政策的规范来实现一种突破？完全有可能。所以这也是我们思考问题的一个视角，如果在这个方向能有突破，我相信蚂蚁集团上市中央一定是百分之百支持的，这样的视角实际上有很强的可操作性。

第十二个视角，从目前在互联网金融产生的不平等竞争到互联网巨头的垄断问题。像蚂蚁集团，大数据在它手里，别人没有，它对人物的画像比央行的数据还要厉害。那么它的核心数据究竟是谁的？这就是下一个问题了。比如我们每个人通过淘宝购物，给它贡献了数据，那么我们贡献的数据应该是我和它共有的，但是你分不清哪些是你的，你想起诉它都没有办法，因为你没有办法从它对你的画像中判断哪些数据是你提供的，哪些数据又是场景数据。这个数据在蚂蚁集团的手里，就可以产生排他。蚂蚁集团也好，支付宝也好，微信也好，形成的数据从产权来讲应该是和用户共有的，就应该把这些数据开放给所有的平台使用，但是可能吗？它做不到，那就产生了垄断问题，现在基本上是已经形成了两大垄断体系，一个是阿里，一个腾讯。比如"双十一"快来的时候，淘宝小商家都会通过各种方式接到通知，说你不许到京东那去，否则我就封掉你，京东也一样，这就是垄断。

我刚刚说的是电子商务平台上的垄断，金融现在也已经产生垄断了，还有人认为最近对蚂蚁金服的政策收紧，对小微贷款的收紧，实际上是有利于蚂蚁集团的，因为它早已遥遥领先了，即使全面收紧之后，倒霉的也是跟在后面的那些，它已经跑到前面去了，已经形成很大的市场优势了。这个观点也是事实，大树底下不长草，这又是一个很大的视角。

第十三个视角，国内外形势发生的深刻变化，对金融创新的包容度的调整。为什么蚂蚁集团能成长起来？是因为过去几年监管部门对于它的成长采取了包容态度。但是现在形势变了，特别是中央反复强调，国际环境发生了重大而深刻的变化，这个变化主要来自中美关系的恶化，中国和西方一些国家的价值观冲突，以及由于中国崛起，地缘政治的变化等。这个时候习近平总书记提出了新发展格局，以国内大循环为主体、国内国际双循环相互促进，要在稳中求进的总基调上，我们谈"六稳六保"。这个时候中央最忌讳金融风险，因为一旦出现大的系统性金融风险，就会给我们带来很大的问题，比如外贸的问题、外资的问题、人民币国际化的问题、"一带一路"的问题等，会带来很多连锁反应。所以在这种情况下，对金融创新的包容度有所调整，创新和监管之间的天平在摇摆，我相信马云和他的团队没有很好地认识到这一点。

第十四个视角，分业监管的体制如何应对多业融合的现实？我们过去只有一个央行，后来在央行的基础上又成立了银监会、保监会、证监会、外汇局，加上财政部，最早是统管，后来是分业监管。而现在互联网时代一个大的趋势，尤其是 2008 年金融危机之后，又开始向融合监管转变。比如对蚂蚁集团有可能产生的系统性金融风险问题，这几家机构是有不同看法的，央行的态度是坚决必须卡掉，超过 10 倍就不行；而证监会说蚂蚁集团申报的材料符合注册条件，我就得放行；银保监会说，我们正在制定一个小额贷款的管理办法，它现在匆忙上市，给我们办法出台带来了困难。所以都从各家的角度来说事，这个时候如何实现多业融合监管的转变，也是一个很好的视角。从这个问题大家可以想到，对于持放行观点的这家监管机构来讲，是否需要反思一下，是不是只是守着自己的业务范围，不考虑可能带来的其他领域的一些后果？

第十五个视角，对于小微和三农来说，是有益的蚂蚁还是吸血的蝗虫？中国金融资本市场的二元结构如何打破？如何引导蚂蚁集团向服务实体小微、控制风险上转变？大家可以思考。

第十六个视角，蚂蚁集团暂缓上市应有的时代积极意义。叫停蚂蚁集团 IPO，无疑将被写入历史。监管者们冲破了各种阻碍，在最紧要的关头最大程度地保护了普通投资人的利益，这是三十年来中国资本市场最值得称赞的一次监管动作。

第十七个视角，党中央从来没有像现在这样重视资本市场防范和化解金融风险。习近平总书记强调，金融是国家重要的核心竞争力，金融安全是国家安全的重要组成部分，金融制度是经济社会发展中重要的基础性制度。金融工作的三项任务分别是服务实体经济、防控金融风险和深化金融改革。第一，回归本源，服从服务于经济社会发展；第二，优化结构，完善金融市场、金融机构、金融产品体系；第三，强化监管，提高防范化解金融风险能力；第四，市场导向，发挥市场在金融资源配置中的决定性作用。各级地方党委和政府严控地方政府债务增量，终身问责，倒查责任。金融管理部门恪尽职守、敢于监管、精于监管、严格问责。没有及时发现风险就是失职，发现风险没有及时提示和处置就是渎职。

此外，在此事件中主流媒体的表现怎样？社会舆论应如何公平对待马云这样的企业家？对互联网金融未来会产生怎样深远的影响？都应该成为我们观察的视角。

三、对蚂蚁集团 IPO 事件的分析

第一，互联网金融、数字金融、小贷公司，P2P 等，在经历了野蛮生长期后，暴雷、债务违约、跑路不断。行业的隐性风险和显性风险早已引起权威部门关注，乃至成为越来越深的忧虑。在一个涉金融、跨行业，又对小微和普惠金融起到了一定作用的全新领域面前，在当前互联网金融风险加大与新兴的产业未来发展成长的空间面前，权威部门始终在把握监管与创新之间的动态平衡，探索出台更能适应国内外形势和条件变化的、满足多个政策目标诉求的管理方式。

第二，百年未遇的世界大变局是监管与创新天平调整的大背景。特别是中美关系恶化以后，带来了全球地缘政治的深刻变化，中国的外部发展环境增加了更多的不确定性。"六稳""六保""双循环"，都需要解决好自身长期存在的问题，消除可能诱发的系统性风险，以实现中国经济的行稳致远。进一步理顺和处理好各方的平衡关系，对于互联网金融来讲表现在，对稳定一侧的紧迫感提升了，对创新所带来的风险的容忍度下降了。这是个大的趋势，而蚂蚁集团此时的上市是逆趋势的。

第三，10 月 31 日的中央金融稳定委员会专题会议的精神及作出的决定是一个分水岭。会议后监管当局所采取的一系列的措施，都是在落实这次会议的精神。其中包括几部委联合约谈、主流专业媒体出台相关的文章、关键官员的署名文章，以及工作的步骤和节奏等，都是不同的职能部门落实此次会议精神的一个联动。

第四，终止蚂蚁集团上市的最终决定是在多方权衡利弊、充分讨论之后由高层紧急作出的。虽然会带来一定的负面效应，但这是一个长痛不如短痛之间必须而艰难的选择。历史将进一步证明这个决策的前瞻性、果断性、正确性。

尽管在事件的具体操作中带有明显的补救的特征。监管者们冲破了各种阻碍，在最紧要的关头，最大程度地保护了普通投资人的利益。这是三十年来，中国资本市场最值得称赞的一次监管动作。更重要的是对于行业的健康发展对于消除诱发系统性的金融风险，意义尤为重大。这个事件必将会载入金融资本的历史当中。

第五，马云在演讲之前就知道权威部门正在制定推出小额互联网小额贷款的更严格的管理办法。他的演讲与其说是在宣扬一种理念，不如说他在想利用时间差和监管当局进行最后的一次博弈。他的"逼宫"反而消弭了监管部门的分歧与迟疑，提升了果断处置的紧迫感。于是马云得到了他最不希望看到的效果，就是加速了权威部门对互联网小贷公司全面监管的收紧。更何况出台的管理办法几条新条款简直就是对蚂蚁集团量身打造的。也让人怀疑，蚂蚁集团是否有对国家宏观政策准确分析、预测和把握的专业团队？马云的苦涩在于，他以一己之力、千亿个人财富的代价，推动了金融全面监管的大提速。对于马云的财富链条上的饕餮者，他可能是个罪人；而对于未来互联网金融健康稳健的发展，他何尝不是个勇士？

第六，新闻的功力在新闻之外。对于财经报道来说，这一点尤其重要。在剖析明辨事实真相之后，选择什么样的切入点，突出什么样的主题，用什么样的故事人物、细节、线索来形成并支撑作品的框架，放大哪些高光亮点和吸引人的瞬间，形成什么样的风格的新闻作品，在什么样的平台上投放、延展，当然同样需要专业的沉淀和实践的磨炼，但都是可以水到渠成的。

谢谢大家！

宏观经济新闻的变量及特征

张　勤　中央广播电视总台央视新闻中心经济新闻部副主任

同学们好！今天为大家讲述宏观经济新闻，我想先从两个"自变量"入手，谈一谈当前宏观经济新闻国际、国内两个大前提。要做好的宏观经济新闻、做一个真正的大记者、作出好的报道，首先要理解我们生活的时代，对这个时代有一个比较明白的看法，才会帮助你有一个好的发现，作出特别有影响力的作品。

一、国际：关注中美关系变量

今年经历了新冠肺炎疫情和中美关系的变化，可能大家也关注到了联合国大会上中国和美国国家领导人的发言，以及美国对中国的攻击。我从 2018 年到 2020 年，除了在关注日常的宏观经济领域，很大一部分精力就在关注中美关系，尤其是今年叠加了疫情后，我感觉目前要理解宏观经济新闻的前提，就是理解这个时代、理解中美关系，因为它是一个大变量，会决定我们整个社会结构的形态，也和经济领域"双循环"的新发展格局密切相关。理解了这个大前提，才会理解整个社会结构，理解宏观经济新闻、财经新闻、市场怎么走、资本市场的信号是怎么样、消费是怎么样、政府的政策是怎么样的。这些内容不管是不是做财经新闻，不管是不是新闻传播学院的学生，目前看确实都是一个必修课。

2017 年 10 月，我和一位专家聊天，他说未来中美关系要进入质变期，当时我还没有特别深刻的感受，因为当时的主流舆论是说中美两个大国"好也好不到哪里去、坏也坏不到哪里去"，这是特别广泛的共识。当时我们社会各界、编辑记者、身边大部分的专家都是这样看的。

后来 2017 年底，特朗普最早的智囊之一班农写了一篇文章叫"凛冬将至"，核心观点是说，目前就是遏制中国的最佳机遇，如果美国这时候不出手，就没有办法再遏制中国。但是当时他还是个幕僚，这个观点还没有引起广泛的共识。后来则逐步开始有一些中国和美国之间的贸易摩擦，包括钢铁领域、337 调查等，我们就开始对关于中美领域的内容，如中国贸易顺差过大的问题做一些准备，但是当时也没有意识到情况会变得这么严峻。到 2018 年 3 月，当时中美经贸谈判其实已经开始了。到 5 月出了中兴的事情，但大家还也没觉得这场战争就真的来了，因为特朗普对于这个事情中间还有态度的反复。

2019 年 3 月，我跟进了中美经贸代表团在钓鱼台的第 9 轮谈判，美方是莱特希泽和姆努钦带队，中方是中央财办的领导，谈判的核心内容主要包括关税——现在看来基本上是美方的一个筹码，还包括知识产权技术转让、金融领域开放、农业、网络等一系列内容。大家当时觉得可以长舒一口气了，终于协议要达成了，对特朗普和其后来的措施还没有太多预判。我们开玩笑说，特朗普当选后我们所有的预测模型都失灵了，对他以往的数据的收集和研判完全无法提供规律，不像我们对于以往的两党的一些行为轨迹和候选人可以进行历史性的分析。

4 月份准备签署第一阶段协议，我们一行媒体有机会进入白宫，美国人也不是特别友好。去了之后突然接到通知说可能见到特朗普而且有提问的机会。后来我也跟我们同事讲，这种舆论场的一线确实就是战场，记者就是一个战士，代表国家的一言一行。

我之前也做了一些准备，和在美国大使馆的新闻官交流了这个场合应该问什么。因为如果问得不恰当，也会成为西方媒体的报道素材。特朗普其实对他所要表达的东西是完全有预设的，不管你问什么，有些内容他肯定是要说的。

从美国回来后第二次再去就赶上特朗普翻脸，本来说5月份要达成协议，突然之间说不签了。在华盛顿的时候，可以感觉到美国的媒体背后都是有各种利益集团的，事实上美国谈判团队中也有不同的利益集团。

2019年我国一方面继续稳定经济，另一方面大部分的精力就用于应对中美关系的变化。通过中美谈判、美国对中国高科技产业的打压和封锁，我们也越来越清楚地看到中美关系已经成为一个最大的变量。2019年下半年的时候大家都在开玩笑说，贸易领域目前看还是中美最乐观的一个领域，因为它至少可以谈，不像别的领域可能讨论的空间都不太会有了。伴随我国香港、南海、台湾的问题全都浮出水面，贸易问题真的变成了中美问题中的一个部分而已，它也只是决定我们整个中国经济走向的一个部分而不是全部了。例如美国持续对香港进行长臂管辖。而且在中美贸易之外，美国对于中国的高科技产业完全采取赶尽杀绝的方式，从华为到TikTok、微信，只要你在科技领域领先于它，它一定要把你打到没有还手之力。2020年5月20日美国发表了对中国的全面战略评估报告，对经贸、香港、台湾、军控、新疆和西藏等问题做了一个整体的研判，完全不掩饰对于中国遏制为主的态度趋势。

美国毕竟是世界最大的经济体，它的科技实力、金融实力仍然世界领先，2008年金融危机以来，美元在整个国际结算体系里的作用、权重没有下降，反倒是提升了，结算比例超过70%。在这种背景下，这种强的摩擦未来会持续很长时间，未来做经济报道或者制定国内的政策和战略，都要理解好这个变量，要把美国看清楚。

二、国内：把握双循环新发展格局

当前中国马上要进入"十四五"阶段，主要讲的就是构建新的发展格局，当前我们做的报道和研究更准确地说也是政治经济类的报道，政治成为研究财经新闻的前提。大家可能原来很长一段时间以来纯粹地做财经、资本市场、房地产等话题，但后来发现中国的实际情况就是政治经济，不理解政治，经济就做不好，政治对经济的影响是前提性的。如果建立不起来这个前提，就做不好相关报道，也无法对中国经济进行预测。

前两天一个深圳企业家跟我说，他每天都要看新闻联播，如果当天看不了，一定会在晚上回家了以后看。他最关注的就是时政类的报道，就是习近平总书记说什么，他会一字一句学习，因为他的讲话就是政策引领，未来就可以打开一个市场空间；2020 年他们就从产业链和数字经济中找到了商机。

2020 年 5 月 23 日的两会上，习近平总书记在政协经济界委员联组会上发表讲话，强调要逐步形成以内循环为主的国际国内双循环相互促进的新发展格局。

中国改革开放后，尤其是 2001 年加入世界贸易组织之后打造了国际上最大的"世界工厂"，形成了后发优势。这些年来我国采取出口导向型发展模式，经济发展最高的时候有 70% 左右都是靠出口导向，出口一直是带动中国快速发展的强有力的引擎。但是到现在国际格局发生了变化，中国作为超大体量的经济体，也不能仅仅依靠外部来发展，从比较优势的变化看，已经到了需要进行转型的阶段。在这个时候明确提出以内循环为主构建双循环的格局。当然，双循环不仅仅是指自己来拉动自己，中国其实在人工智能、互联网、通信技术等领域是可以向外输出的，这也是一个循环。

在政协会议之后，中国经济学界一直在论证双循环怎么打造，因为这可能涉及宏观经济政策的制定周期问题。中国宏观经济政策中期的安排是和五年规划的部署相一致的，因为明年要制定第 14 个五年规划，一个前提就是构建双循环的发展格局，理解了这个语境才能够理解清楚中期、短期的政策怎么制定。

总结而言，我理解的我们要讲的宏观经济新闻的两个前提：第一个是国际形势，其中最大的变量就是中美关系走向；第二个是中国国情，就是政治经济学中话语和议程设置的逻辑。只有理解清楚了这两个自变量是怎么回事，才知道因变量怎样随着自变量变化。搞清楚大逻辑，才能把产业经济、民生新闻、消费新闻、公司新闻做好，因为心中有了森林，才看得清楚树是什么样的情况。理解清楚当下的时代，中国是一个什么样的运行的逻辑，才可能在做具体的事情时做得清楚。

三、宏观经济新闻的特征

什么样的经济新闻是宏观经济新闻？我归纳了三个特点：全局性、系统性、趋势性。它反映整个国民经济发展过程中出现的新的趋势、动向，甚至是新的问题。

（一）全局性

什么叫全局性？全局性的指标包括 4 类，这也是国际比较通行的 4 个维度。第一个是经济增长，这是总量性质的维度；第二个是物价，如 CPI、PPI，其中 CPI 主要衡量居民消费价格的总体水平，PPI 主要衡量工业品出厂价格；第三个是就业，如城镇登记失业率，疫情背景下这是 4 个指标中最受关注的指标；第四个是国际收支，与大国的对外经济交流相关，近期大家关注的人民币汇率问题也是国际收支的体现。

以上是衡量宏观经济的 4 个基本指标，但是哪些指标在什么时候用，尤其从做新闻的角度看是不一样的。2020 年一季度中国出现了有季度经济统计以来最差的增长 −6.8%，美国公布的是它自己的算法，如果按照中国的算法计算出是 −9.7%，通过比较这些数据可以看出各个经济体的活跃程度。我们关注增长率，是因为达到一定增长率，每年新增的就业岗位才能够弥补新的就业人口的需要，如果增长不能够满足新进入社会的力量对于岗位的需求，从小的方面讲会有很多人没有正常的工作保障，从整个社会运行的方面看则可能影响社会稳定，所以制定经济增长目标也有一系列考虑。

2020 年因为遭遇疫情，大家都在看两会还提不提增长目标，后来没再说具体目标，只是说设定一个合理的区间。其实中国经济增长目标也经历了变化，从 9%、8% 过渡到区间调节，不再给定具体的数据，而是保持在合理区间，只要不掉到区间以下，出现经济硬着陆和大量下岗失业，就算是合理运行。

受到疫情影响，2020 年很多政策都在讲"六保"和"六稳"，其中就业放到了第一位，整个宏观经济的落脚点其实还是能够尽量实现有条件的充分就业，即只要有就业意愿、有能力达到条件就能获得岗位。因为一季度 −6.8%的增长率意味着很多人找不到工作，很多小型创业企业都关门了，这就会带来很大的问题。

物价方面，西方经济学理论里有一个对于 CPI 的描述，当 CPI 增速高于经济发展增速和收入增速时，就相当于国家对每个人收了一笔铸币税。美联储最重要的一个职能就是保障物价的水平、保障币值的稳定，保证每一个人在经济运行过程中不被涨价把财富"偷走"，这是一个更大范围的货币政策的选择问题。历史上很多政权（包括国民党政权）最后的崩溃都是因为恶性的通货膨胀。

宏观经济的全局性指标可能是一个慢变量，例如 2014 年我们做的一个报道，当时刚提关于新常态的判断，到 2020 年已经有 6 年的时间了，但其实当时的一些判断和结论到现在仍然保持不变，目前中国经济还处于这样一个大的历史阶段，还是新常态，结构调整在加剧。但也有一些报道是触发了非正常状况的报道，例如 2020 年疫情期间 −6.8% 增速的相关报道。

（二）系统性

房地产等一些细分行业的经济新闻，虽然专业性程度较高，但是如果行业本身的相关性已经能够决定整个经济的系统性安全，那么就具备了系统属性，也属于宏观经济新闻。为什么"房住不炒"持续受到广泛关注？因为保守地说，与房地产直接相关的行业有 60 个，包括建筑、水泥、玻璃、征地、装修、家电、铝材、钢材等。如果大部分行业的资金都被吸纳去炒房，会让经济体岌岌可危，也会对整个社会的资源配置产生一种严重的扭曲。所以房地产是一个领域、一个行业，但它是有宏观意义的，因为它牵扯的行业和领域太多了。

我们一直在讲三大攻坚战，包括防治污染、去杠杆、脱贫攻坚，金融领域的底线是不能触发系统性危险。好多抵押房产的价格变化之后会传导到金融系统，2008 年就是房地产引发了整个美国的金融危机。金融对于整个经济运行而言就像是血液，我们说的中国金融可获得性不够，其实还是血管的问题，虽然主要的血管没问题，但"毛细血管"不行，如果血管出现了问题，人体肯定是出问题的。

宏观经济报道的系统性就在于，虽然可能看的是房价、P2P、资本市场、注册制改革等局部行业的问题，但是当这个行业牵扯的领域足够宽，从而引发了一系列连锁反应、危及整个经济的时候，它就是一个宏观类的报道，因此必须要从整体去看。

（三）趋势性

第三类是趋势性的问题，也是宏观经济特别需要关注的一类问题。

2001年中国加入世界贸易组织，我和中国代表团一起去了多哈签字仪式的现场，当时虽然见证了一个很伟大的时刻，但真的不知道未来会怎么样，没有理解这个事情对中国经济的趋势性的影响。到后来才意识到中国加入世界贸易组织真的是世界向中国打开了大门，中国经济的发展确实得益于当时签署了WTO的框架文件。2001年时，中国的经济总量还是在第八、第七的位置，现在很快就到了世界第二，变成了最大的"世界工厂"。

大家要关注的宏观经济趋势性的内容包括两个维度，一个是制度在哪些方面会发生变化，如中国加入WTO、一带一路、中美关系，还有一类就是技术，例如数字经济，这不仅是一个产业，也是一个趋势。我觉得数字经济带来的对于整个经济业态和经济环境的变化才刚刚开始，数字主权等一系列新兴领域未来也很值得关注。

四、宏观经济新闻和报道

宏观经济报道和宏观经济新闻严格意义上说不是一类东西，宏观经济报道涵盖宏观经济新闻，一些资讯性的、解释性的内容都叫宏观经济报道，但不是所有的宏观经济报道都是宏观经济新闻，因为新闻肯定应该是"反常"的。

结合经济形势，经济过热的时候我们一般会关注CPI是不是太高、有没有抑制过热的行动，经济过冷的时候可能就要关注失业率是不是太高、就业是否会出现问题。宏观经济形势会决定选择宏观经济新闻的角度和领域。

2013 年 1 月，北京第一次出现大范围雾霾。当时大部分媒体还是把雾霾作为一个环境事件来报道。但是我们是从社会经济发展方式的角度进行了独到的观察，报道发出去后中央还调看了这个节目，发改委也开了会，后来我们的好多产业政策也进行了调整，包括钢铁水泥产量、去产能、供给侧结构性改革、对于环境指标的监测等。因为我们是做经济类报道的记者，你要看到社会现象背后的经济规律。社会现象背后一定是有经济原因在里边的，如果掌握了这样的思维方式，就一定能找到别人看不见的原因，找到反常的东西和独家的发现。

宏观经济报道在实际操作过程中涉及多个层面，我把它总结成三个。

第一个层面是经济形势的判断。这可能是一个中长期的判断，像我刚刚给大家看的 2014 年的节目，中国经济进入了新常态，它的决定性因素是中国经济的潜在生产率到了一定水平；也可能是一个阶段性的经济形势的判断，比如疫情下 -6.8% 的经济增速。接下来两个主要因素是政府和市场，"看得见的手"和"看不见的手"，现在叫有效市场和有为政府，这两个层面是宏观经济的另两个层面。

第二个层面就是政策分析，需要我们关注政策的发布，因为国家是整个经济运行的一个最重要的参与方，要关注它的行为会对整个经济形势带来什么样的影响。

第三个层面就是市场出现的动向，这个可以有很多细分领域，包括劳动力市场、资本市场、商品市场、公司新闻等。

所以，宏观经济报道的三个层面就是经济形势、政策分析、市场动向，其实就是通过经济形势之外的政府和市场这"两只手"来判断经济形势，而这一过程是有规律可循的。

数据发布方面，PMI 制造业及服务业指数、房价物价指数、固定资产投资、工业增速、工业企业效益按月发布，GDP 数值按季度发布。大家如果要做经济新闻，就要培养自己的职业习惯，时刻关注数据的变动。我们现在也在整理我们自己可以拿到的行业数据，常见的数据渠道包括国家的数据发布系统、统计局、发改委、海关，他们提供的是标准化数据，除此之外，数字化发展使更多经济数据实现数字化，例如我们也和几家电商平台联系比较多，可以从这些平台上挖掘出跟消费有关的数据，这也非常有利于未来我们做经济形势的分析判断。

数据新闻我们做了很多年，会和专业的数据挖掘机构合作，当然我们现在自己也在招有计算机背景的学生进行数据内容的挖掘。2020年疫情期间，我们自己做了几个大数据产品，就是把电力数据、铁路客运的票务数据、中国移动和中国联通的一些数据进行整合，相互比照和印证，生产了一系列数据新闻产品。复产的时候大家都在讲疫情期间的最美逆行者，当时我们做了一篇稿子，就叫大数据追踪"顺行者"，其实就是看经济恢复正常的指标，看不同行业、区域恢复的速度是怎么样的。在大家都说逆行的时候提"顺行"，也达到了反常的效果。

政策发布其实也是有规律的，有几个比较关键的点位：中央暑期办公会商定下半年重要的经济决策，可能就是上下半年的分界点；一般两会以后，当年的一些经济政策要落地，比如财政政策；12月份中央经济工作会议为第二年制定相关政策。

2020年比较特殊，因为党代会是五年一个周期，之后就会有二中、三中、四中、五中全会，一般五中全会是讨论经济社会发展的。2020年10月份马上要开十九届五中全会，主要的议题就是为明年开启的十四五规划做一个基本架构，比如围绕双循环格局可能的着力点、科技创新领域以什么样的方式发展、国内市场培育、拉动内需补短板等问题可能都会进行定调。五年规划是中国特色社会主义制度一个很重要的治国理政的方式，我们会建立未来5年一系列的指标体系，包括定量的和定性的，讲清楚未来5年完整性的发展计划。十四五做5年的计划，然后每一年会去分解执行，在这个基础上每年再去看经济工作会、两会、季度会等，就形成了一个政策发布的篮子，大家知道这个结构，就知道什么时候要看什么会，会议彼此间的联系是什么，就能够给工作定调子。

关于经济决策的结构，我国正体现出越来越鲜明的"党管经济"的特征。我们每个季度都有对经济形势的判断，中央财经领导小组主要负责一些大的会议，尤其是经济工作会议；一些日常的重大政策的协调，是由国务院来具体落实；财政部和央行则负责财政政策和货币政策的组合。发改委是中国独有的一个机构，因为我们是从计划经济过渡过来的，从最早的计划委员会发展到今天的发展改革委员会，它一直是整个宏观经济运行的核心部门，负责协调货币政策和财政政策，同时也在主导中长期政策规划、产业政策、投资政策和一系列社会发展政策。商务部一方面负责对外的经济外交，包括国际贸易、国际投资、对外援助等，另一方面也负责国内市场的培育，包括发放消费券、步行街改造、家电下乡等。以上是最主要的与宏观经济运行相关的部门。

关于市场动向，市场其实简单讲就是供给和需求，供给端分为不同产业和行业，技术和制度是两个关键的影响因素；需求端与"三驾马车"相关，又跟就业和收入相关联。理解了市场供给、需求两端，就会理解整个经济新闻的框架是什么样的。

宏观经济新闻报道的视野包括横向和纵向。除了对于国际局势的一些了解，大家也要读一点关于中国经济本身的历史。我们是一个比较独特的国家，理解了中国经济是从哪来的，就不会在一些问题上钻牛角尖。

经济新闻其实有一定的门槛，和做纯粹的社会类事件的报道还是有所区别，如果你选择做财经类或者经济类的报道，自己要有一定的知识基础，对经济是怎么回事儿、宏观经济是怎么运行要有基本的知识储备，然后最重要的就是持续关注问题的职业习惯。所以我们说培养优秀的财经记者需要花费一定时间，他既要明白经济的原理，还要有良好的习惯，不断关注现实在发生什么，这个挑战是很高的。同时在技巧方面，如果报道的内容有一定专业性，对转化技巧也会有非常高的要求。

最后，中国的经济学家特别多，我个人比较喜欢的是北大的周其仁老师，他讲得比较通透，把经济学原理和中国的现实经济世界联系得比较紧密。大家有时间可以多读书学习，多思考相关问题，谢谢大家！

浅谈宏观经济政策新闻报道

张旭东　新华社国内部副主任

大家好，非常高兴来到清华跟大家一起交流。今天我要分享的主题是"浅谈宏观经济政策新闻报道"。之所以说是"浅谈"，是因为该领域博大精深，"深谈"无止境，要始终抱着一个学习的态度，越学越会发现自己的不足与认知的边界，也越会知道经济社会发展的迈进非常不易。我本人1999年到新华社工作，一直从事宏观经济报道，同时也承担重大时政类主题报道等，但所有报道都可以说是"以经济为本"。用经济视野来观察事物，就会得到一种更清晰的视野，因此经济新闻是有魅力的。另外，经济政策报道是有要求、有门槛的。随之而来的问题就是如何才能做好宏观经济报道？我从日常实践经验的角度总结了一些规律，供大家参考。

一、经济新闻的独特魅力

清华的校训是"自强不息，厚德载物"，这是清华人追求，也是人们应该秉持的一种精神、一种理念。昔日，中国积贫积弱、百废待兴；今日，中国为实现中华民族复兴的伟大梦想而崛起，综合国力大大增强，已走向世界舞台中央，依靠的就是发展为要，秉承的就是奋斗精神。宏观经济关系全局、左右八方，竖是一条线，铺是一张网，在中华民族伟大复兴的战略全局和世界百年未有之大变局勾勒出的历史经纬中，中国的经济新闻更受关注，影响范围极广。从宏观角度看，中国已是世界第二大经济体，是世界第一大外汇储备国，对世界经济增长贡献率占据全球首位。中国经济的一举一动，例如股市政策、汇率政策等，均牵一发动全身，引发全球波澜。因此，学习经济新闻是时代的要求，理解经济也是观察社会的一种方式。治国理政的任何一个环节都离不了经济。观察经济社会运行，就是从不同角度观察国情、观察事情。

业界有这么一句话，"战争时期做记者就要做战地记者，和平时期做记者就要做财经记者"，怎么理解这句话呢？记者总是在时代的前沿，扎根一线，捕捉最新的事物。通常而言，不少新闻学院的学生认为，最危险的地方才最动人心魄，才是一个记者真正要去的地方。以武汉为例，1998 年长江大洪水，我因尚未参加工作而被婉拒去前线深以为憾，但 22 年后武汉疫情封城后，终能得以逆行武汉，在一线奋战 80 多天。毋庸置疑，全球瞩目之下，生死大义之地，当然是记者的战场、用武之地，要做勇敢的逆行者，也是记者职业精神要义所在。不过，在更多的时候，在经济社会发展过程的潜流之下，同样有无数惊心动魄的故事。如果说突发事件是显性新闻，那么经济类的新闻则需要观察，才能发掘其中的奥妙。

经济，是观察国情、观察社会走向的一扇窗。以安徽小岗村改革为例：按下红手印的 18 户农民当时也不会意识到，他们的抉择其实触碰到一个重大而基本的问题——"包干到户"。调整了生产关系，改变了原有的分配方式，极大释放了蕴藏在每个人身上的生产力。如同释放了魔力，次年，小岗村迎来大丰收，整个生产队粮食总产 13.3 万斤，是前十余年产量的总和。大包干带头人严宏昌这样和我说，按下手印分田后，大家都往牛棚里跑去抢牛粪做肥料，结果把门都挤破了！这是改革威力的释放。正是从那一年起，中国共产党领导亿万人民开启了改革开放这场决定中国前途命运的伟大变革，中国特色社会主义由此开启了伟大的实践征程。

如果说对经济社会运行规律理解不深，不懂经济政策背后的深意，很多时候就难以理解时代变化的脉络和现象。再举一个例子，2018 年的宁夏石嘴山的环保局冰雕大楼事件。这个事件当时看着很荒唐，一栋楼居然被冻住了，背后的原因实际上与环保理念严格要求相关。PM2.5 在全国有成千上万个环境监测点，监测点谁也无法干涉，谁也不能随意更改数据，这是具有法律效力的。石嘴山历来空气质量非常差，所以就想了歪点子，用一个水炮喷洒监测点来使得空气更好一点，但水喷得太多反而弄巧成拙，冬天就把整个大楼都冻住了。这个荒唐事件背后，反映了地方扭曲的政绩观等许多很复杂的问题。

再分享一个例子，这是我刚当记者两年的时候经历的一个事件——2001年中科创业事件，其股价在 2000 年年末时突然暴跌，接连 10 个跌停，引发市场哗然。原因是有关机构操纵中科创业股价，涉及资金约 54 亿元。股票操纵者用一系列手法，通过 1 500 多个股东账户控制了中科创业股票流通盘 55.36% 的仓位，进行股价操纵交易。从中科创业事件开始，当时的资本市场可以说是经历了涅槃，从 2 245.1 点直跌到了 998 点，可谓是血流成河，整个股市进行了很多调整。股市又从 998 点开始上涨，涨到 6 000 多点，涨到了 2007 年，后来又经历大幅度下跌、熔断等多种波折。到 2020 年资本市场建立已满 30 年，资本市场的发展史也是一部改革史，其中惊心动魄的故事不胜枚举。很多时候对错不明、真相不清，这就需要能透视经济迷雾的一双慧眼。

二、财经新闻报道的三大能力要求

从实践角度看，做经济新闻主要有三个方面的能力要求，供大家参考。第一是知识门槛，要提高政治站位，了解宏观经济政策、经济指标的含义，具备年报公告的阅读能力。记者要对政策有基本的认识，对一些基本知识也要有所掌握，例如宏观经济政策、经济指标的含义等。记得 2004 年时，时任国家统计局局长受邀专门到全国人大常委会做了一次《国民经济指标和经济形势分析方法》的讲座，这些经济指标就是通往经济大门的钥匙。刚开始从事经济报道的时候，由于没有知识基础，第一年我就拿出一两个月的工资全部买了经济方面的书，一本一本地看，一个知识点一个知识点地学，积累起了专业知识的储备。例如现在的股市，有沪市、深市、创业板、科创板、中小板，它们各自代表着什么？现在的定位是什么？是财经新闻记者要清楚的。这些基本要素如果不了解，工作起来会很吃力。

第二是要有发现新闻线索和分析复杂能力的要求，"飞花渐欲迷人眼"，要有透过复杂现象看本质的能力，要有驾驭众多材料、深入的分析能力。记者要对经济领域的内部逻辑有分析的能力，要有搜集资料的能力，再进行判断，最后进行印证分析。我历来主张一个提法，写一个 1 000 字的消息要先读 2 万字的材料，看不足这个篇幅是写不好一篇消息的。写稿子必定是建立在同行采访的基础上、材料的前提下，你要把别人的天花板成果拿来作为你的背景所用，然后再加上自己的分析和调研判断，把别人的天花板变成你的地板，这就需要一个综合驾驭的能力。

第三是要有扎实的调研功力和突破采访的能力，要有扎实的一线新闻事实，要努力采访到核心人物和获取核心材料证据。在报道中，见到核心当事人，找到核心事实和证据，至为关键，要具备这样的主观能动性。如果满足于一般素材来支撑稿子，这样的稿子质量可想而知。举一个例子，在一次突发事件报道中，事故相关方肯定不愿意接受采访，但是当时我说了一句话打动了他，我说："社会上对你攻击非常多，你再不接受我们采访，你就没有讲话的机会了"，由此实现了突破性采访。一旦懈怠，很容易在被拒绝之后就不再想其他办法了，转而用其他的素材来支撑一篇报道，但是这样记者就没能用自己的智慧来解决问题，报道是有缺陷的。

三、十大维度看经济动向

在具体实践中，我总结了以下十大维度来看经济动向。

政治维度。大家都看过刘慈欣的《三体》，书中提到降维打击。从事经济分析，如果不注重从多个维度观察，你写的东西就经不起推敲。所有好的报道，都具备全面的眼光、多个视角的维度。这样才会高人一筹，掌握真正话语权；否则功力不足，就会受到降维打击。

第一维度就是政治维度。要始终牢牢把握住时代方位和政治站位。认识深了，理论学习透了，掌握住时代背景的内涵，稿子自然有高度，也才能给人思想的启迪。在当代而言，就是要胸怀"两个大局"，深入学习习近平总书记讲话精神，深刻领会和学习习近平新时代中国特色社会主义思想。例如，在2020年全国两会上，习近平总书记5月23日上午看望了参加全国政协十三届三次会议的经济界委员。他强调，要坚持用全面、辩证、长远的眼光分析当前经济形势，努力在危机中育新机、于变局中开新局，发挥我国作为世界最大市场的潜力和作用。他在这次会上令人瞩目地提出"逐步形成以国内大循环为主体、国内国际双循环相互促进的新发展格局，培育新形势下我国参与国际合作和竞争新优势"，这是一个需要特别关注的重要信号。2020年7月21日，习近平总书记在京主持召开企业家座谈会并发表重要讲话，再次提到"逐步形成以国内大循环为主体、国内国际双循环相互促进的新发展格局"；2020年7月30日，习近平总书记主持召开中共中央政治局，决定召开十九届五中全会，分析研究当前经济形势和经济工作，会议上提出，"加快形成以国内大循环为主体、国内国际双循环相互促进的新发展格局"。

通过这三次会议，我们可以观察到逻辑的递进，政策信号越发清晰明显。在新冠肺炎疫情背景下，经济形势复杂严峻，不稳定性不确定性较大，我们遇到的很多问题是中长期的，必须从持久战的角度加以认识。市场和资源两头在外的国际大循环动能明显减弱，而我国内需潜力不断释放，国内大循环活力日益强劲，客观上有着此消彼长的态势。事实上，自2008年国际金融危机以来，我国经济已经在向以国内大循环为主体转变，经常项目顺差同国内生产总值的比率由2007年的9.9%降至现在的不到1%，国内需求对经济增长的贡献率有7个年份超过100%。未来一个时期，国内市场主导国民经济循环特征会更加明显，经济增长的内需潜力会不断释放。扭住扩大内需这个战略基点，使生产、分配、流通、消费更多依托国内市场，提升供给体系对国内需求的适配性，形成需求牵引供给、供给创造需求的更高水平动态平衡。当然需要强调的是，新发展格局绝不是封闭的国内循环，而是开放的国内国际双循环。而构建新发展格局，也正是观察2020年10月底要召开十九届五中全会的一个重要角度。（补记：五中全会公报明确提出，要加快构建以国内大循环为主体、国内国际双循环相互促进的新发展格局。而这次全会通过的《中共中央关于制定国民经济和社会发展第十四个五年规划和二〇三五年远景目标的建议》则可谓是向第二个百年奋斗目标进军的行动指南，仔细研读《建议》，一条主线贯通全文：新发展阶段、新发展理念、新发展格局。这三个"新"体现了《建议》的核心要义。）

在新的时代背景下，我们要胸怀两个百年未有之大变局，沉着面对前两年的中美经贸摩擦斗争复杂形势，要立足青山，咬定青山不放松。不管怎么变，我们要坚持走自己的路。2020 年遇到疫情的冲击，"六稳""六保"形势更严峻。"六稳"是要坚持底线思维，让大局没有任何闪失。扎实做好工作，全面落实"六保"任务，如果这个完不成，我们的经济再不发展，何谈全面小康。我们要了解大的政策框架，才会对全局有个把握。

第二，专家维度。这是常规采访方法，来深入解读政策的变化。许多重要的座谈会上经常会邀请专家，专家的一些观点代表对政策最好的、最权威的阐释。如果把握不准，专家的阐释有的时候反而会解读歪曲，因此要对专家进行一个基本的判断，找准方向。记者需要掌握一些报道领域中比较权威的专家学者信息。要设立必备的专家库，固定学者，不断拓展专家库来源，并进行分层分类。专业的问题要做到角度全面，所以要向上懂政策，向下懂基层、懂专家、懂企业，所有的方面要结合在一块。比如，新华社最近一个阶段组织采访了十个权威专家谈经济：北京大学国家发展研究院名誉院长林毅夫、中国经济体制改革研究会副会长樊纲、清华大学公共管理学院院长江小涓、中国社会科学院副院长蔡昉、国家发展改革委宏观经济研究院院长王昌林、清华大学国家金融研究院院长朱民、上海交通大学安泰经济与管理学院特聘教授陆铭、中国社会科学院世界经济与政治研究所所长张宇燕、香港中文大学（深圳）全球与当代中国高等研究院院长郑永年等，用权威声音有效引导了社会舆论。

第三，部门维度。部门从更为宏观和权威的角度为我们提供宝贵的信息，要利用好发言人和官方表态。这些发言人跟主流媒体联系比较多，沟通也比较多。比如前一段我们去统计局制定了一个合作协议，定期策划在下一阶段怎么进行相关报道，探讨下一步的政策口径等。例如粮食安全的公开报道，要把握好口径与尺度。如果把握不好，造成了不良影响反而违背了新闻的本意。所以新闻里有政治，也有民生。权威部门可以对经济相关领域进行宏观维度且多角度剖析，这是我们需要着重把握的报道资源。

第四，企业维度。春江水暖鸭先知，企业是宏观经济运行的细胞。比如企业家传递的信息、上市公司年报季报分析等，故事鲜活，语言生动，数据具体，这都是来自一线的最真实的信息。我在 2011 年 7 月采写过一篇报道《中国经济增速放缓的背后》，现在来看从那时起，中国经济增速也开始放慢了。当时采访了很多企业，其中就采访了一个轮胎的企业，轮胎行业的不景气代表着运输能力的不景气，企业告诉我：小汽车轮胎销量不好，是因为老百姓的收入减少了，所以买小汽车的少了；而运力降低，物流就减缓了大卡车的轮胎需求，进一步导致了企业遇到的经营问题。这个例子从轮胎企业的角度，用最通俗、鲜活的事例解读了经济形势。我们记者要做的，就是把专业的经济分析讲成通俗的故事，要内行看得明白，外行也看得懂。此外，通过三一重工、徐工集团等故事，用挖掘机指数、起重机指数等也都可以很好地解读经济形势。

第五，行业维度。行业是微观和宏观的关联处，行业此消彼长，印证了经济转型，任何一个行业的兴衰更替都能涌现大量的新闻。前不久北京召开服贸会就是一个很好的例子，这是目前国际首场线上线下相结合的重大国际经贸活动。服务贸易 2020 年受到疫情很大的影响。2020 年的旅游业在上半年基本停滞，所以导致贸易逆差很大，唯一还在进口的就是美国。但这其实背后也有好的信号，代表着中国经济高质量发展的方向，像美容等服务业都是第三产业，都随着经济社会的转型升级，不断增大市场份额。虽然我们第三产业已经成为经济社会最重要的动力，但与国际一些发达国家还有很大的差距。看清形势，跟紧行业动态，找到合适的新闻切入点，就可以写出很好的文章。

第六，地区维度。在经济转型时期，不同经济区域、不同区域必然呈现不同发展阶段的特征和现象。不同地区有不同的经济形势，要选取并跟踪省内的特点特色。东北原本是老工业基地，现在遇到困难，一些地区经济呈现负增长状态，这需要跟踪观察。相比之下，长三角、珠三角吸引了大量的人才。

第七，指数维度。这是一个具体的维度，也涉及许多门槛知识，比如要了解 GDP、PMI、CPI、PPI 以及工业增加值，我们简称为"P"指数，每一个都代表了不同的含义，分别有月度、季度、年度的数据。例如财政政策的赤字率不超过 3%，怎么解读。如 PMI，制造业采购经理指数，是由新订单、生产、就业、供应商配送、存货等 5 个指数加权而成。荣枯线是 50，反映扩张和衰退，如果高于 50，就证明经济在扩张，低于 50 证明经济在衰退。再例如 CPI，猪肉去年涨价达到了 5%，超过 3% 一般就是通胀，它会影响大家的钱袋子，同时我们还要关注 CPI 的构成，例如当时猪肉占据了 CPI 上涨 80% 的因素。

我们经常也会用传统常规的分析方法："宏观四角"四大指标：经济增速、物价、就业、国际收支平衡以及"三驾马车"等。投资一直是拉动中国经济增长的主引擎，投资主要包括制造业，占比为 1/3；其次是房地产，占比为 1/4。在 2003 年至 2012 年，制造业投资年平均增长达到 30% 左右。从 2012 年开始，中国制造业投资已经呈台阶式下降，当年增长 22%，2013 年下降到 18.5%。现在我们进入了经济新常态，为什么进入了新常态？因为我们的经济结构正在发生改变，房地产原来占了经济发展的 1/4，现在制造业、房地产在经济发展中的比重都有所降低，城镇化的速度也有所降低，整个社会生产要进入一个新的平台，这就是从指数的维度来看新常态。

从出口来看，在加入 WTO 以后的 10 年中，我国出口年平均增长 23%。但国际金融危机后，2012 年以来出口增速下调至 7% 左右，2014 年增长为 4.9%。原来投资对经济增长贡献率超过一半，近几年消费的贡献率一直超过一半。消费是主力，但由于汽车、房地产等大宗消费减弱，不再有爆炸式消费，已处于平稳低增长平台期，我国经济增长需要大力挖掘新空间。

第八，标的维度。不同的地区会有一些特别的标的，这些也是我们需要长期关注的。例如，代表国家战略方向的标的：一带一路、京津冀、长江经济带、粤港澳大湾区。代表经济动态的自贸区、义乌、双 11、港口、货运、假日经济等；雄安新区、深圳中国特色社会主义先行示范区、前海等。这些标的往往呈现趋势性新动向，代表着中国未来经济发展的走向，具有很强的新闻性。

第九，热点维度。其实从任何一个侧面都可以窥看全局形势，就看怎么切入。比如脱贫攻坚就是 2020 年关注热点问题，事关全面小康，事关第一个百年奋斗目标。在今年疫情的特殊情况下，为了复工复产，中央财政资金采取特殊之策，原来一笔钱需要 60 天甚至更长时间才能到位，现在缩减到了不超过 24 小时，这反映了我们简政放权，政府效率的提高。目前我们正在组织一个团队，观察民生资金的利用情况以及结构等，通过采访聚焦脱贫攻坚的发展进度，与国务院扶贫办进行座谈，打造一个全景式的脱贫攻坚战新闻报道。

疫情也是 2020 年持续性的热点事件，在人民利益受到损害的时候，国家往往需要在经济发展和人民利益之间作出短时间的取舍。人民至上、生命至上，我们坚持以人民为中心的思想。2020 年，是我们这个 14 亿人口的发展中大国，正迈进决胜全面建成小康社会、决战脱贫攻坚的收官之年。防控疫情既要把控点多面广的现实国情，也要防止来之不易的建设成果付诸东流，还要防止经济停摆、社会失序等难以预测的风险。可谓是一次危机，也是一次大考。到底有多难？仅春节节后复工多延迟一天，全国减少的国内生产总值就约达 1 500 亿元。事实上，经过亿万人民的共同努力，疫情防控取得重大战略性成果，经济也实现了由负转正。

第十，全球维度。如果说国内是观察中国经济的主战场，那么国际则是观察中国经济的大背景。运用全球视角观察问题，是在后危机时期做好经济报道的一个基本前提，也至关重要。眼光既要向内观察，也要向外观察。只有运用全球眼光观察问题，才能透过纷繁复杂的现象背后探寻本源，这样在报道上才不失偏颇，才更有洞察力、说服力和影响力。在中美经贸斗争中，如果没有全球的视野，不知道全球的规则，就没法进行全方位的经济报道。总书记讲，我们要站在历史正确的一面。纵观这几年的美国逆潮流而为，还不断地"退群"。在这个时候，我们更要坚持高举开放的大旗，建设人类命运共同体，我们举办服贸会、进博会，就是希望要开放共荣，体现中国的担当。从国际的维度，还要关注国际货币基金组织（IMF）、世界银行对全球经济的影响，公布的报告，这都会对我们的报道起到很重要的作用。

四、结语

没有全面的视野，就作不出专业化的新闻作品。要想专业，除了专业的知识背景，还需要考虑到思考维度的全面性，要向上懂政策，向下懂基层，懂专家、懂企业，并将这些维度整合到一起。现在所有的媒体都在转型，转型的过程有时也带来阵痛，但主力军全面挺进主战场是趋势，是必然。当前的媒体环境中流行一个词叫"镇版刷屏"，镇版就是在传统媒体上抢占版面，而刷屏就是信息大量在朋友圈中出现，占领新媒体端口、屏面。目前的新闻环境要求新闻工作者既要有专业深度，又要有新媒体思维。在这种形势下，给我们提出了新的使命要求，根本之道在于积极践行四力、坚持守正创新，才能在融合发展中强主流、占领主阵地。

资本市场报道

何　刚　《财经》杂志主编

　　各位同学大家好！非常高兴又来到清华，跟各位一起交流资本市场的动态。资本市场在中国还是一个很新的事物，它起始于1990年。2020年12月对中国资本市场来说是一个特别的日子，是上海交易所和深圳交易所创立30周年，最近开展了很多与股市相关的纪念活动。

　　今天中国股市在全球范围内已经非常重要了，因为中国已成为全球第二大资本市场，2020年中国股市的总市值大约是77万亿元人民币，仅次于美国。如果聚焦于个人投资者数量，中国早就是世界第一了，2020年A股的投资者开户数大约在1.8亿，这是很大的一个群体，可以说与相当多的中国家庭有关。我要说的是，如果我们想看资本市场对于一个国家有多重要，那么就要看它对于我们每个人有多重要。对于现在和未来的年轻一代来说，股票市场可能与你的生活、工作有非常密切的关系。

　　各位喜欢看电影吗？说起电影，我们就不得不谈到与我们今天主题密切相关的电影题材——华尔街题材电影，它是美国电影市场里非常独特的一个类型片，最早叫作财富主题的电影。我不知道大家是不是看过《了不起的盖茨比》，这个电影讲的是大萧条之前华尔街大鳄们的故事。包括电影《华尔街》《华尔街2》，还有一个财经题材的美剧叫《Billions》。类似的影片在海外有很多，但在中国却很少有与财经相关的电影和电视，原因是什么？后来我们跟业界人士讨论，他们认为原因在于懂编剧的人不懂金融，而懂金融的人不太会讲故事，所以很多拍摄计划最后都夭折了。

两年前我们尝试改编在《财经》和《证券市场周刊》中发生的一些真实故事，大概用了两年的时间拍摄了一部电影叫《大鳄之门》，已经通过了各种审批，有望上映。我们做了一个片花，大家感受一下（此处播放视频①）。电影里面有一句话叫"资本是不是可以操控一切？"确实，随着资本市场的发展，资本的力量非常强大，资本市场也越来越重要。对于一个市场经济国家来讲，甚至可以理解为资本市场是连接所有资源的最重要的东西。"财经报道"大部分是以资本市场为核心在进行，像《华尔街日报》《金融时报》《经济学人》的很多内容都是跟资本市场相关的。所以如果不能清楚地了解资本市场的逻辑，财经报道可能就会有所缺失。

我还想问另外一个问题。2020 年中国和全球最大的一个危机就是新冠肺炎疫情，疫情影响了所有中国人的生活和我们周围的一切。在 2020 年 1 月底、2 月初，在武汉疫情暴发早期，最麻烦、最混乱的时候，是哪些媒体在一线坚持报道？《财经》就是其中之一。疫情之后股票在暴跌，中国股市跌了 10% 左右，美国股市跌得更多，在他们 200 多年的历史上，股市指数一共发生过 5 次大熔断，但竟然有 4 次都发生在 2020 年疫情期间，多少公司和多少人的财富因此严重受损。这就是为什么我们要去关注和报道疫情的原因，因为疫情背后就是钱，是大钱；疫情背后就是生意，是大生意；疫情背后就是我们生活的全部，是财富的进出。所以我们要尽可能准确地去了解疫情大致的走向以及可能的变化。

也正是在这个时候，大家就会发现机构媒体的职责，专业记者的作用，也就需要媒体的公正性、严肃性、权威性来发挥作用；也只有在这种时候，才能够真正看出哪些媒体对这个社会抱有责任感。因为我们没有任何支援，需要自筹资金、自带干粮，并且当时确实是有危险的。《财新周刊》的同行去得更早，他们在现场有 6 个人，后来把女士们都送回来了。《财经》团队在临出发前两位男士的家人"中标"，最后去现场的是三位勇敢的女士，她们在一线坚

---

① 视频链接：https://www.iqiyi.com/v_17p0e87bh9o.html。

持报道 68 天，同时后方有几十人在全面配合她们，多角度立体做报道，在疫情最重的那三个月，我们发了近千篇报道，其中大部分是关于疫情的，也有相当一部分是疫情对股市、对上市公司的影响。所以我要说的是，你会看到资本市场连接了很多内容，让我们能够真正看到市场经济运行的内在逻辑。

我再讲一个例子。在这之前一周，我参加了清华校友池宇峰的第二家上市公司——洪恩教育的上市仪式。因为疫情，中国公司赴海外上市已经不能去华尔街敲钟了，所以在北京"云敲钟"。那一天晚上，我也见证了又一次财富的创造，洪恩教育的股票发行价格是 12 美元，当晚行情结束时是 16 美元，上涨了 33%。过了一个周末，洪恩的股价先涨到 22 美元，之后又涨到 28 美元。你们的学长池宇峰，持有这家公司 66% 的股份，上市时，他的股份价值 4.5 亿美元，现在已经是 7 亿美元了，这就是资本市场的力量。这个公司其实刚刚开始盈利，它的盈利来自什么因素推动呢？来自疫情。因为疫情期间在线教育飞速发展，这家亏损好几年的公司，在 2020 年上半年全面盈利，收入增长相当于 2019 年的 80%，2020 年全年将会相当于 2019 年的 250%。

所以资本市场看的是什么？不是历史，是未来，看公司的未来会怎么样？这家公司的价值潜力会怎么样，公司所在的中国市场会怎么样？钱是最明智的一种力量，尤其是在一个经历过复杂的、淘汰的、竞争的资本市场里面，钱的选择可能代表了人们比较真实的态度。资本市场给了我们一个观察社会、观察经济、观察人性的重要平台。所以这就是为什么资本市场报道对于我们来讲，不仅仅是关于市场本身，也是关于连接市场的各种力量的观察点。

今天我要讲的内容分成四个部分，我个人认为最重要的是前三部分，关于市场的概述，尤其是第二部分媒体的角色和"三公"原则，以及第三部分关于采编和写作的讨论。我不是学院派，我是实践派，希望能够给大家介绍一些基于一线的采编经验和教训。

第一部分，我们讲资本市场的概述和报道解析。那么资本市场报道在整个财经新闻中是一个什么样的角色？首先有一个宏观经济，包括国务院会议、发改委、国家统计局等发布的全局性的宏观经济的经济政策。对于中国来讲，经济政策的解释非常重要，请注意，经济政策的解释不是去证明它的正确性，而是报道为什么会推行这个政策？有什么内容？它的影响是什么？比如报道国内大循环，就要去关注为什么中央现在提出了国内大循环？国内大循环包含什么内容？对行业、对我们有什么正面或负面的影响？分析要全面务实，这才叫负责任的报道，而不是简单说国内大循环是一个英明决策，这就不是财经报道，而是一种舆论宣传了，这是非常重要的区别。

第二部分讲金融体系和资本市场。对于一个市场经济国家来讲，市场经济的发展越成熟，金融体系和资本市场就越重要。从全球来看有一个很重要的趋势：一切都在金融化。比如房子本来是用来住的，但是贷款问题、炒房问题使它成了一种金融产品。所以正如刚才电影里那句话，资本无处不在，在操控一切，影响一切。所以从这个角度来说，了解一个国家的金融体系、认识一个国家的金融市场，对于我们认识和了解国家的经济非常之重要。

第三部分是产业和公司。金融市场里面跑的是什么？是钱。钱是谁来跑的？是市场和公司。比如 2020 年疫情让金融市场受到严重的打击，但也让很多公司发了大财。比如清华的两位学长，池宇峰和王兴，疫情前池宇峰的公司——完美世界，总市值是 300 亿元人民币，现在是 650 亿元，整个疫情期间市值增长一倍多，个人财富增长一倍多。王兴的公司美团也是一样，疫情前美团的股价是 100 多港元，疫情中涨到 200 多港元。所以不要以为疫情是在毁灭一切，它也在创造新的机会。而这种机会怎么看出来呢？资本市场会告诉你。

所以观察资本市场，我们最后要看的是公司和产业，而公司的兴起或衰落，受到前面提到的宏观经济影响，受到金融体系的影响，受到科技创新的影响，受到消费者用户的影响。这里边有很多有意思的故事，比如中国人爱喝酒，疫情虽然很严重，但是大家还会在家里吃饭喝酒，于是茅台、五粮液在 2020 年实现了历史性的暴涨，五粮液股价从 90 多块钱变成最近 250 块钱，这就是资本市场的魅力，也是资本市场给大家带来的机会，这个机会每天都存在。

再比如，我们合作的媒体中有一家美国媒体，道琼斯集团的《巴伦周刊》，它永远只讨论一件事情：明天该买什么。不管发生什么事情，比如波音飞机爆炸了，它就会跟你讨论波音的股价会跌到什么程度，未来什么时候是买进的机会？如果从人文的角度来看，你会觉得这个媒体似乎"灭绝人性"，永远在讨论钱的事情，但它非常正确地存在了100年，2021年是它创刊100周年，它的线下发行、线上订阅都非常好，因为它总是能够比较准确地预见未来的明星股票。比如2020年特斯拉涨到1 200美元的时候，大家觉得市场很疯狂，但《巴伦周刊》的文章详细分析后认为，其实特斯拉真实的价值和未来的预期可能是在2 000美元，后来特斯拉股价涨到2 400美元。现在特斯拉股票拆股了，但如果换算回去，《巴伦周刊》当时的分析还是非常正确的。

你看，资本市场就是这样一个充满魅力的市场，我们关心和使用的东西，可能就是未来的财富之源。你喜欢苹果手机，你周围的朋友都喜欢苹果手机，你需要做的一件事情是什么？买进苹果股票。在美国大家都在用Facebook，在中国大家用腾讯比较多，那么就买进它们的股票。美团用得越来越多，越来越方便，那就买进美团的股票。而如果当你周围的朋友已经不再用苹果手机了，或许苹果股票就要赶紧卖掉。我想说的是，如果我们作为报道者，没有体验过与资本市场有关的切肤之痛和从天而降的狂喜，做新闻报道的时候也容易"隔着一层"。

一、资本市场概述与报道解析

资本市场是什么意思？具体来讲，借贷是比较成熟的市场经济国家的一个金融安排，它叫作长期融资。然后是股权融资，属于直接融资，应该占更大的比重。而短期贷款，银行的信贷，叫间接融资，应该尽可能占小一点的比重。但中国是一个储蓄率很高的国家，长期以来人们的习惯是更愿意通过银行信贷的方式来获取资金，而不是通过股权融资。

所以到今天为止，中国仍然是一个以间接融资为主的经济体，而直接融资是市场经济比较成熟的模式，我们还在转换的过程当中，这也说明中国资本市场前景广阔。为什么说直接融资很重要？举个例子，各位如果毕业了想创业，第一件事就是需要找到你的投资，来自父母或亲戚朋友没什么了不起，更重要的是找到看好你的天使基金，愿意给你钱，愿意给你创业的机会。

那么这个时候，就有赖于我们有一个很好的资本市场体系。有人说，天使基金跟资本市场有什么关系？它为什么要投资？它投资的目的，是能够看到未来业务的增长，有机会获得成倍、成百倍的收益，能够最终退出投资。而退出投资的关键，是要有一个公开的交易市场，也就是意味着应该有天使基金、种子基金，有风险投资、股权投资，进而有股票市场，股票市场还要有中小板、创业板，多层次市场。如果不想在国内上市，还可以去海外，去纳斯达克、纽交所等。这一整套体系构成了资本市场的一个完整循环。从正向来说，好的投资、好的资本市场循环能够创造阳光下的财富，当然反向来讲，也能创造让一个国家覆灭的巨大金融灾难和股市动荡。

简单来说，对于市场经济来讲，资本市场是一个配置资金的市场。钱是有价格的，是需要流动的，钱要往最有效率的行业、公司、领域流动，这个市场才是有效的，才是健康的。一个经济体最主要的钱，一定要高效率运用。如何来检验有没有效率？用资本市场。比如说，从经验和趋势来看，大家在股市中买得最多的，应当是最看好的公司和行业，而不应当去买那些根本不看好的公司、行业，这就会引导资金做对的事，这就是资本市场对市场经济的价值。

（一）证券市场是资本市场的主体

资本市场中的证券市场，包括但不限于股票。到 2020 年国庆节前，中国一共有 4 000 家上市公司，股市市值是 76 万亿元，是全球第二大股票市场。这就是我们改革开放 40 多年的成果，没有开放，没有打开国门，没有资本市场的建立，没有仿效美式的金融体系改革，中国是不会有资本市场这个东西的，至少会慢很多、小很多。

资本市场中第二个交易品种也很重要，也容易被大家忽略，这就是债券。其中，国债非常重要。在美国，整个资本市场里，资金价格的订立标准，就是以美国长期国债利率和收益率为基准的。比如养老金和保险资金要投资，它们主要寻求的是固定收益，而不是股票的动态收益。它们对于拿多少钱投资股票是有限制的，比如一般的养老金或保险资金，股票投资不超过总投资额的30%，剩余大部分资金要投相对有固定收益的产品，比如国债，从而确保它的保值和增值。

资本市场第三个重要角色是基金。中国股市有一个特点，个人投资者非常之多，而美国长期以来是以机构投资者为主，以各种基金为主，个人投资者已经很少了。但是2020年疫情期间，可能是大家在家里待着没事，美国出现了非常罕见的结构性逆流，个人投资者增加了500万，这也解释了为什么美国市场2020年发生剧烈震荡，因为个人投资者会增加市场的不稳定性。

接下来是市场的各路参与者，包括资金的供应者、需求者和市场监管者。监管者也是一个很重要的角色。在股票市场、资本市场中，监管的重要性极大。但无论怎么监管，它永远面临着正义与非正义、规则制定者与破坏规则者之间的博弈。我们有时候会看到中国资本市场有很多不好的事，《财经》也曾经报道过中国股市的一些黑幕。但我要说的是，千万不要用过度的道德洁癖来看待中国市场，股市造假是一个永恒的主题，无论是在英国、日本还是在美国，永远有人在造假，永远有内幕交易，永远存在监管者和造假者的博弈。

所以市场监管者的角色非常重要，同时媒体报道股市的负面消息，也要保持一个相对克制的态度，坏事必然会发生，不要简单化地搞道德和法律审判。就像一个国家，无论文明程度多高，犯罪是一定会出现的。所以出现犯罪的时候不要觉得天塌了，尤其不要因为局部问题而否定市场和国家的价值。就像不要因为中国股市有造假，就认为股市应该关门或推倒重来，这种想法是很天真的。中国股市总体上在发展中不断规范，发展是它的第一主题，边发展，边规范。

（二）资本市场报道：用数据说话

接下来，我们谈一谈关于资本市场报道的一些关键的方法。

第一个就是用数据说话。数据的重要性，对资本市场报道来说是压倒一切的，事实本身也一定要跟着数据，没有数据佐证的资本市场报道，基本上是不合格的。比如说在《财经》，如果一个记者写到涉及资本市场的内容，我们一定会要求证券编辑重新帮他看一遍，看他的数据是不是完整、是不是准确？数据的对比是不是符合逻辑？有没有用数据来以偏概全？

什么叫用数据来以偏概全？我们有一个汽车记者，有一次写某家汽车公司2018年的年销售量下跌了6%，于是稿子里说，这家汽车公司面临着巨大的挑战和问题。然后看稿子时，有一位证券记者就问了一个问题，2018年整个中国市场的汽车销售是什么情况？后来发现是同比下降18%，在整个市场下降18%的时候，这家汽车公司下降了6%，你说它是好还是坏？

这就是数据的悖论，我们说要用数据说话，但是如果方法不对、逻辑不通，你也可能用数据说假话，给外界以误导，从而让报道变得非常不理性。再比如，有记者写股市报道时经常会这样写："今天股市暴涨"，我们编辑就会追问：什么叫暴涨？1%叫暴涨还是5%叫暴涨？还是10%叫暴涨？虽然网络上很多人这样说股市上涨，但像《财经》和《财新周刊》这样的机构媒体，编辑手册里就有一条要求，别用形容词，不要写暴涨，就写具体数字，股市涨了多少，或者用对比的方式。比如写A股市场领跌全球，全球有涨有跌，亚太市场跌了1%，中国股市跌了2%，所以叫作领跌亚太或全球。最好的办法是直接写数据，比如跌了3.5%。再或者，今天股市创造了单日最高涨幅，历史涨幅最高是7%，今天涨了8%，所以叫作创最高单日涨幅。也就是说要把关键数据量化，这也便于我们进行对比，也便于我们发现报道中是不是存在问题。

对于数据本身而言，《华尔街日报是如何讲故事的》这本书中有很好的解释，它说数据本身就是新闻，资本市场报道必须要有数据。但是还有第二句话，太多的数据无异于毒药，要学会处理数据，去掉无关紧要的数据。我认为还可以加上第三句话，绝不能漏掉一些至关重要的数据。所以我建议大家，写资本市场的报道一定要注意全局和行业数据的引用。比如说有时写到某公司，那么市值多少？是一个百亿级公司还是十亿级公司？在整个行业中是什么水平？是行业的头部公司、尾部公司还是平均水平的公司？这些内容都叫作关键数据，不能遗漏。但无关紧要的数据不需要一再罗列和堆砌，足够说明一个完整的问题即可。所以，如果未来有同学致力于财经报道，一定要做定量的数据分析训练，提升读懂数据的能力。

说数据很重要还有一个原因。资本市场有一个特点，尤其是在股市中，所有的上市公司都要有财务报表的披露，有季报、半年报、年报，这些财务报表和公开信息，就是我们了解这个公司最重要的窗口。当然我们是先假设它的信息陈述都是真实的，这样我们就可以通过公开数据和信息了解这家公司，这也是资本市场的特点。从理论和经验上讲，所有财务作假的公司，如果仔细分析它完整的财务报表，基本上能够从数据中找到一些漏洞。所以很多资深记者和编辑，就是基于公开信息进行数据分析，发现公司问题，找到报道缺口，从而揭露出巨大的问题。

（三）资本市场报道：政策监管

资本市场报道的第二个问题是监管政策，这一点也非常重要。

这里面有很多例子。2015年中国股市出现了一轮大幅度上涨，但是最后又出现了一轮大的股灾。在这当中，《财经》记者起了一些作用，也受到了一定的影响。《排雷杠杆市》是我们当时的证券主力记者王晓璐做的，但是后来她经历了一些比较曲折的事，涉及是不是《财经》报道了虚假内容，是不是在传递错误信息，导致了股市动荡。2015年7月的某一天，我们那篇报道出来之后，当天A股市场因为那篇稿子跌了140多点，引发了高层和市场高度关注。最后就查这篇报道的内容怎么来的，因为里面传递了一个非常重要的监管政策动向，说当时进入市场维稳的国家资金可能会退出，这是真的还是假的？如果是真的，股市就会跌；如果是假的，我们就要对这个不真实的报道负责。当然，最终证明，我们的报道是真实的。

我要说的是，监管者对资本市场非常重要。尤其在美国，大多数行业是没有那么多约束和监管的，但在资本市场上，美国有非常坚定清晰和明确的监管，是受美国证券交易委员会（SEC）的独立监管。中国证监会的建立就学习了美国市场，但也有中国的特色。《财经》、《财新周刊》和几大证券报，都有专门对口中国证监会的记者和编辑，每年他们会和我们有非常多的沟通。如何去报道监管政策变化，对我们来讲是极其重要的，比如说科创板、注册制等改革，每一个重要的市场规则和监管政策变化背后，都涉及大钱，涉及整个市场建设。

（四）资本市场报道：抓典型个案

接下来要谈谈资本市场报道中很重要的方法，即个案选择。在《财经》的历史上，我们恰恰是从这些个案报道入手，引发市场的高度关注。

《银广夏陷阱》这篇封面报道，是现在《财新周刊》的总编辑王烁、《财新周刊》主编凌华薇在 2001 年的作品。这篇稿子怎么来的？当时最早是一个简单的信息，银广夏是 2000 年、2001 年的 A 股"股王"，因为这只股票在那两年上涨了近 10 倍，从几块钱涨到几十块钱。

但《财经》记者在研究了这家公司的财务报表后，发现了问题。看起来这家公司的出口增长特别快，它也宣传说，是因为出口了一种叫青蒿素的东西，所以它未来的业绩将越来越好。当时有一家媒体的主编自己违规买了很多这家公司的股票，据说投了几百万进去，股价最高的时候，这位主编持有的股票大概价值 3 000 多万元，他坚定地认为，这家公司会涨到 50 块钱，所以一直舍不得卖。凌华薇最早发现银广夏的财务数据有问题，因为内在逻辑不能完全自洽，她向主编汇报选题，但主编不相信记者所说，并不支持她做这个选题。

后来凌华薇加入《财经》，把相关素材拿给当时的主编胡舒立、执行主编王烁看，他们俩认为必须往下追，这个公司一定有问题。于是他们开始了艰难的采访求证。后来最关键的突破他们怎么做到的呢？这家公司的业务增长点不是出口吗？那就去查出口，但查来查去还是查不到实据。最后他们想了一个办法，去天津海关看这个公司的报关单，看看究竟这家公司出口有多少？当时公司宣传说每年出口好几亿，但《财经》记者在海关那边查到的报关单上只有几百万元的出口额，于是把这张报关单拍了照片，在那期杂志里，最后出示的一个证据，就是阳光下的这张报关单，百万级的报关单对应着财务数据亿级的收入，这是让人瞠目结舌的、粗糙的、粗暴的财务造假。所以当时这篇稿子出来，就引发了市场震惊，这家公司连续几十个跌停，从几十块钱变成几块钱，最后退市。

《财经》记者写这篇稿子时，这家公司就已经注意到了。所以他们用了各种办法去围追堵截。他们公司的老总带着支票找到《财经》领导，说你自己填数字，就一个要求，把你们那个报道给我灭了，我可以给你钱。那时候《财经》还处于亏损状态，每年五六百万元的支出，几乎没有收入，所以他给的钱，让《财经》未来好几年都可以躺着吃饭，但《财经》没有要这个钱。后来双方就斗智斗勇，《财经》说钱不要，这篇稿子先压下来。对方也神通广大，他们到印厂去查看，看到那期《财经》确实刊发的是另外的封面，就放心了。但实际上，在另外一家印刷厂，《财经》秘密地把银广夏这期封面给印出来了，但还没有发行，屯在另外一个地方。后来《财经》把这期杂志先送给了一位主管领导，国家体改办的主任。他看完之后就问：真的假的？靠谱吗？《财经》的领导们说，百分之百，证据确凿，这家公司就是彻底的财务造假，应当曝光。

这位主管领导也很睿智。他一想这事有点大，就拿着这期杂志，找了一个借口，去向更高层的一位领导汇报工作，汇报完后再提到说《财经》马上要出的新一期杂志，带了一本过来给领导看看。这位高层领导翻了一下，没吱声。然后主管领导就给《财经》的领导们打电话说，你们该发就正常发，高层领导没说不可以发，于是这篇报道就发出来了。之后，《财经》确实遇到了很大的危险，公司威胁说要对杂志社和写稿的人上手段。于是两位作者一度在郊区一个宾馆秘密住了一段时间，有人保护。好在很快，银广夏造假被查处了，《财经》记者也就安全了。

这是《财经》关于资本市场报道，在早期一篇非常重要的成名之作。我认为它最大的价值在于：第一，当时造假是中国 A 股市场挺普遍的事情，他们抓了一家极具典型性的公司，也是当年的股王；第二，这家公司造假手段极其粗暴；第三，非常准确地拿到它造假的核心证据，实现了精准的、完整的打击。所以这是一篇很有价值的报道，它的调查手段、文字表述、数据分析和分寸拿捏都做得非常好，当年出来之后一下就让《财经》在证券市场建立了威信。

我们刚才已经提到了，要做数据，要抓个案等，那么最难的是什么？是采访。《谁的鲁能？》是《财经》杂志 2007 年开年的第一篇封面报道。它不仅影响了国企改革的一些进程，也在一定程度上影响了一些重要官员的政治前途。这篇封面说的是，山东最大的一个电力系统企业，资产总额 700 多亿元，但经过非常复杂的操作，最后有人只花了几十个亿就把资产买走了。

《财经》为什么要选这个案子来报道？因为当年的国有企业改制过程当中，各地确实存在一些钱权交易，有很多因为"低估"，造成国有资产严重流失的情况。媒体的作用就是找到典型的、能够报道的内容。这篇报道主要是通过工商局的注册信息，还原这个公司背后特别复杂的股权结构，最终把它的操作路径基本还原出来。这篇报道从可读性来讲非常难读，但这是一篇极其重要的调查报道，其核心在于如何避免最坏的私有化，如何让国有资产实现正常流转、正常保值，不要成为被某些人侵吞的东西。

这篇报道大概是《财经》历史上最重要的一篇，从财经新闻调查和资本市场报道来讲，它对于数据的运用，对于信息交叉的求证，对于公开信息的充分使用、梳理，我认为都是一流的。这篇稿子的作者是李其谚，现在还在《财经》。这些年有时她还挺郁闷，因为再也写不出这么厉害的稿子。后来我们安慰她说，不仅你写不出来，《财经》这么多人都写不出这样的稿子，因为有一些公开信息已经不让查了。所以从媒体报道来看，当年对公开信息的管理不那么完善，也带来了另外的机会，媒体因此获取信息，通过报道去督促和纠正问题。

说完采访也要说写作，叙述和评论一定要严格区分开，两者确实不完全是一回事，尤其是采访专家学者和业界人士的个人看法的时候，如何实现一种平衡？这很重要。2010 年，胡舒立团队离开之后，我参与《财经》团队的重建，当时华尔街金融危机刚刚过去两年，中国媒体没有什么人真正在华尔街去做深度调查采访和报道，所以我们组织了一个小组，由我带队，去访问了很多人，包括索罗斯，还有一些纽约的权威人士，从而对华尔街的未来做了一个比较权威的还原，有大量的描写和叙述，但是也有很多重要的分析和评论。比如我们采访索罗斯对于监管的看法，采访摩根士丹利董事长约翰·麦克，也包括现在已经很有名的桥水基金的创始人瑞·达利欧，在平衡他们的观点和看法的时候，确实需要引述跟他们不一样的观点和看法。所以财经报道多少会有一定倾向，很难做到完全的中立。但无论你多么的有倾向，也要确保三七开、二八开，至少六四开，你倾向哪一方，你可以有60%的笔墨来写，你不那么倾向的一方，也要保证有20%到30%，甚至40%的笔墨来写，从而让你的报道变得比较中性，而不是变成一个偏颇的报道。

我觉得，英国的《经济学人》周刊并不是严格意义上的新闻媒体，而是一个评论媒体。它所有的内容都是集体生产，是运用一种述评的方式来进行判断和分析。所以准确来讲它是一个政经类的杂志，不是一个以股票市场报道为重点的媒体，它更重要的是用全球资源看全球的政经格局，从而供全球的决策者们共享的一个信息平台和分析平台。《经济学人》也是《财经》的一个合作伙伴，它文章的质量非常之高，内容也很有意思。比如，它2015年有一期讲中国金融市场的问题，你会看到，它对中国金融风险和结构性问题的关注，比我们要更多一些。

刚才有同学提到，是不是媒体应该发挥正向的舆论引导的作用？从某种程度上来讲是对的，但是我们还是要更加独立地去看待资本市场。另外，金融风险是永远存在的，对于媒体来讲，尤其是希望坚持独立报道的媒体，必须首先关注金融风险、金融欺诈、金融漏洞，而不是只为了营造一个良好的舆论环境，只为股市加油鼓劲。《经济观察报》的执行总编辑文钊老师，他当时参与了一个研究报告，关于2015年中国股市的股灾分析。在复盘2015年股灾为什么造成如此大的麻烦的时候，有一个重要的原因，就是在股市上涨前的阶段，包括《人民日报》、新华社、人民网、新华网在内的官方媒体，积极为股市上涨鼓劲。当时人民网刊登了一篇著名的文章，叫作《4000点，是牛市的新起点》，直接为股市的上涨摇旗呐喊。新华社在那一年大概发了几十篇文章来唱多中国股市。结果是什么？股市出现了异常的上涨，最后不得不用异常的手段来调控，引发股市异常的下跌。

所以在这里媒体的作用非常微妙，如何对股市进行分析和评论？有人说了一个简单的逻辑，就是作为媒体来讲，多说股市的坏处，恰好能够起到一个平衡作用。因为有很多分析师、投行人士、理财专家都在看股市的机会，所以从整个市场的结构来看，永远有人在看股市的积极面。而媒体如果能够多看一点股市的风险，对它有更多的监督，就正好形成一个平衡。而不是媒体以正面报道为主，少说坏的，尽量不说负面的，这样一些结构性风险可能就会被忽略。因为我们再不去说它的问题，指望投资银行和分析师来提示它的问题吗？指望人们自己来独立判断吗？这就是媒体的作用和价值所在。海外的一些媒体经常会进行风险提示，但并没有被市场抛弃，反而市场会对他们表示感谢。因为他们风险提示的存在，因为他们的独立性，市场经济的出清机制就变得更加的可持续，而不是问题不断地被掩盖，风险不断地被放大。所以对于股市我们不要以偏概全，不要因为问题否定整个市场，但市场存在的结构性风险必须要给予明确的提示，并通过评论、分析的方式来展示对于这些问题的关注。

说完了记者的事，我们再来说编辑。早期《财经》的标题里面有渲染的风格，比如《基金黑幕》《庄家吕梁》，这都是当年比较牛的报道，所以我们无法完全脱离中国市场的这种特色和渲染性。但《基金黑幕》这篇文章的价值在于，这是 2000 年《财经》创刊早期对于股市的分析报道，这篇报道来自一个研究报告，基于这个研究报告进行新的引述和采访。作者李箐现在是《财新周刊》团队负责资本市场的大编辑，在她做记者的 20 年间，经历了中国证监会的 5 任主席，她都认识，都很熟。她也经历了中国资本市场这 20 年的变化上升。所以像李箐这样的资深记者和编辑，对于中国资本市场是非常有发言权的、一线的战斗者，我觉得他们对市场的理解和对整个报道的把握，可能比刚刚入行的年轻记者、比一些自媒体要靠谱得多。如果我们想看到这种可靠的东西，可能他们是更具价值的。

接下来讲传播的问题。在新媒体时代，杂志本身的价值没有那么大了，包括我自己很多时候也不看杂志，但是为什么还要出？因为我们还有很多订户，还有将近 10 万订户，他们还在坚定不移地订阅。同时，杂志也是一种许可，中国有新闻牌照的要求，因为我们是一本杂志，所以我们可以获得几十个记者证，保证记者可以正常进行工作采访，我们还可以做线上的、线下的传播等，我们因此是一家机构媒体。新媒体时代，完整内容的传播很重要，从而避免被断章取义。但精编和转抄也很重要，尤其是在视频化之后，短视频的传播对我们也非常重要，所以我们也在做视频的传播。

前面提到，2015年我们在做一篇有关股市的封面报道的时候，在传播方面就出现了一个麻烦。稿子是我编的，它的内容非常敏感，涉及股市的救市和监管的博弈，以及市场中买进者与卖出者之间的关系。中间就提到一个非常关键的信息，说证监会已经开始在讨论维稳资金退市的问题。上万亿的维稳资金要退市，对股市来说是一个坏消息。这是一个我们通过不太正式的渠道得到的信息，当时一家证券公司的负责人和证监会的一位领导一起开会讨论这件事，我们知道了这个信息，就把它写进去了，说证监会也在开始讨论维稳资金退市的问题。编这个稿子的时候，我和这个稿子的编辑、记者说，不能这样写，这个东西会出事，因为它现在不是一个定论的政策，只是一种可能性。于是我们改了一下，不指名道姓，改成"监管部门也开始考虑未来维稳资金退市的可能性"，把它变得比较温和。在1万多字的报道里，这一部分几百字，然后提到了退市的方案1、方案2、方案3。这篇稿子全本第一时间在线上就出现了，因为《财经》是免费模式，我们认为新闻还是具有很强的公共性的，所以愿意用免费的方式来传播文章，通过广告来获取收益，所以全本就上线了。

很多人看到了这篇文章，投资圈也有很多人在转。然后我就开会去了，开会时，这篇报道的第一作者自己来编这个稿子的新媒体传播，他们觉得，应当把其中独家的重要信息拎出来。大家也都识货，说最重要的，就是证监会讨论维稳资金退市的问题，于是他把那段话从这篇文章里面给摘出来了。标题怎么起呢？我原来的标题是，监管机构开始讨论维稳资金未来退市的可能性，非常啰嗦，为什么这么啰嗦？我们要保护自己，因为这种啰嗦的背后是稳妥。他们觉得这似乎不太行，新媒体不是这样表述的，于是改成了一个简短的标题，叫"证监会讨论维稳资金退市方案"，你们听听这两个标题的区别，很遗憾，我当时开会中，不知道他们改了标题。

上午10点30分这篇文章上线，股市马上就下跌了，到11点30分跌掉140点。当天的股市动态报告给最高层，领导就问股市怎么跌成这样？监管部门就说，有一篇稿子说到资金退市。当天中午12点30分，证监会专门召开新闻发布会，谴责《财经》报道造假，误导市场并造成严重损失。那天我开完会出来看到这个消息也很意外，我问你们谁改的标题，马上撤稿子。当时《财经》编辑部同事们还不完全同意，有人说何老师太保守了，今天股市都轰动了，全在传这篇文章。我说你们再不撤，我们麻烦就大了，为什么要点监管机构的名。这几句话最后可能救了我，最后查这个报道的发表过程，对我的定性是，我及时要求撤稿和调整信息，主观愿望是好的。

后来我们看到证监会的谴责，就先撤了稿子，下午我开始写检查，第二天我们被叫到新闻出版主管部门去谈话，接下来一段时间，我们都在做各种检讨，当时有一个专案组查股灾，也涉及我们这个稿子。为什么查我们，因为当时中国股市已经是双边机制，除了上涨可以赚钱，下跌也是能赚钱的，下跌怎么赚钱？通过做空机制。当时中国已经有股指期货，可以卖空。所以当时他们在查，说有家证券公司当天上午股指期货有卖空盘。而那家证券公司的负责人，和《财经》杂志的一位领导是亲兄弟，《财经》早不发晚不发，偏偏在这家公司有股指卖空盘时，发布一个可能会砸盘的报道，是不是在联手策划谋利？同时也查监管部门，是不是开了《财经》报道中所说的那个专题会，是不是在讨论维稳资金的退市方案？谁让你们现在就讨论这件事？监管部门后来出了一个正式回复给有关方面说，经查，本部门近期并未召开有关这一主题的工作会议。于是这更成为《财经》相关报道存在失实问题的一个证据。

但我们自己知道，这就是传播不当引发的问题，而不是我们报道有问题。传播失误我们认，但我们没有失实报道。后来查清楚了，监管部门确实有领导召集证券公司负责人开了专题会，所以后来有关监管部门领导也被追责。而《财经》由于报道是基本准确和真实的，写这篇报道的记者，最终也恢复了正常工作。虽然如此，这件事对我们在传播把关上的教训也是很大的。所以资本市场的报道，真的是牵一发而动全身，你的权威性、准确性不能有含糊。

第一部分对资本市场的情况以及媒体报道的一些基本方向重点进行了简要的概述。下面我们进入到第二部分，就是关于"三公"原则如何落实，可能涉及一些新闻伦理和报道规范，以及新闻专业主义和财经专业主义的双重平衡。

二、媒体角色与资本市场"三公"原则

"三公"原则即公开、公平、公正，第一个就是公开，什么叫公开？就是公司上市的所有流程、信息要公开。信息披露是资本市场非常有特色的一个地方，但信息披露工作不是所有公司都要做的，不上市的公司没有责任和义务向股东以外的人提供任何信息，它向社会披露信息是一种主动行为，而不是责任。但所有的上市公司都有一个必须履行的责任：每个季度要披露公司的经营情况，要向公众报告它的运营情况，高管发生任何重大变化，有任何重要的收购、投资，都必须进行信息披露，这叫作强制性的信息披露。所以信息披露就是公众了解公司、监督公司的一个最重要的渠道。在这里媒体的角色就融入进去了。

但媒体是不是总是扮演一个好的角色？不一定。从1995年开始，股票市场非常疯狂，怎么约束大家都不听，继续炒，把股市搞的热火朝天，所以得给大家下点猛药。《人民日报》就在头版刊发了评论员文章《正确认识当前股票市场》，这篇文章一出来大家都说明天股市肯定开始暴跌。所以这就是监管部门通过媒体来调节市场的一个很有意思的做法，叫作提示风险。这是一种监管信息的重要披露，是监管政策的一个重要提示，对于市场起到了直接的作用。

有人做了回归分析，研究《人民日报》文章与股市的关系，在过去相当长的时间内，包括今天，《人民日报》如果有文章直接谈股市，仍然是股市上涨下跌的一个非常重要的催化剂，要么导致它的上涨，要么导致它的下跌：不断提示风险的时候，股市是暴跌的；营造良好、正能量舆论环境的时候，股市是上涨的，这个曲线在中国非常准，但在国外不完全是这样，所以这是中国特色，我们官方主流媒体对股市的影响非常大。但2014年至2015年这轮上涨中，有的媒体所扮演的角色就不那么积极了，叫作非理性的鼓动和人造的股市繁荣，导致股市的异常上涨，进而为2015年的股灾埋下了巨大的隐患。

所以我们需要关注的就是媒体的角色，尤其是主流媒体的角色，如何妥善的使用，如何在股市的上涨下跌中起到一个积极的作用？其实是值得媒体思考

的。在经历了这样一些事件之后，我们的新闻主管部门是有反思的，2015年广电总局要求大幅减少股市报道，防止因报道不当引起股市的大涨大跌，这是当时一个正确的提示。但媒体减少股市的报道，跟股市在市场经济中变得越来越重要，这二者出现矛盾了。所以要做的不是减少股市的报道，而是减少对股市涨跌的指手画脚，要回到股市基本面、市场面、政策面、资金面的一个准确的、中性的报道。

媒体究竟应该起到一个什么作用？媒体涉及股市报道时，边界在什么地方？什么是必须要报道的，什么是应该有克制性去报道的，哪些是不应该报道的？涉及股市的关键信息，比如政策问题、透明度问题、公平性问题、市场监管的重要动向等，这是必须要报道的。

那么谁有权利来公开这些信息？在中国叫作证监会指定信息披露媒体。像《中证报》《上证报》《证券时报》《证券日报》《金融时报》《经济参考报》等媒体都是有信息披露权的。但问题是这些媒体披露的叫指定信息披露，别的媒体披露的就叫不指定信息披露，我们只去看那些指定信息披露的媒体的报道吗？这也是中国特色。

实际上在几次证监会开座谈会的时候，以《财经》为代表的一些市场化媒体，都对这个政策提出了不同看法，说为什么不取消指定信息披露？不取消的一个原因可能和钱有关。一家上市公司要在指定媒体上披露信息，一年要交二三十万元，所以4 000家公司就是一笔巨款。但它反过来也导致了另外一个问题，当这些媒体拿到上市公司的信息披露的钱之后，在涉及这些公司的报道时，是不是能够知无不言，是不是能够对读者和投资者负责？这是一个问题。

所以就衍生出了一个很有中国特色的灰色业务，叫"财经公关"。本来财经公关是一个正向的词，准确地说，叫投资者关系，是说公司上市的时候通过媒体的报道可以被更多的公众注意到，让公众对其有所了解。但今天在中国，财经公关很多时候的主要工作是"灭火"，因为一家公司在IPO的时候，一篇负面的报道可能让公司的市值估值从150亿元变成120亿元，一篇稿子3 000字，它可能隐含的商业价值是30亿元。所以为了买下这篇稿子，公司不介意花30万乃至300万元。我们的同行非常惭愧地说，今天在中国的媒体有很多人是靠这个生存的，这至少是灰色区域，这影响到上市公司的信息披露，影响媒体对上市公司的监督。

这些年来，"三公"原则在中国股市已经有了很大的进步，但实际上在新的市场扩容的情况之下，压力还是很重的。我个人认为，指定信息披露媒体的制度设计，在未来的某一个时间仍然会被取消、被替代。尤其是在网络披露更有效的情况之下，在交易所的网站上披露公司的完整情况就可以了，并不需要指定哪个媒体去进行信息披露。在世界范围内，都是在交易所网站上查询上市公司公开披露的所有信息，而不需要指定《华尔街日报》等媒体来披露上市公司的信息。所以说指定信息披露也是中国特色，我们理解这种特色存在的必要性。但从长远来讲，上市公司的信息披露应该是独立的，应该是通过交易所来进行法定披露。

我们刚才提到2015年《财经》关于股市的报道引发了市场的下跌，记者谈这个报道时明确表明，报道是有来源的，是基于事实求证的准确报道。为什么我们说《4000点，是牛市的新起点》这样的文章不好，因为它不符合公开、公平、公正的原则，没有尽到媒体中立的责任。

媒体也不应当直接做投资建议，不能说觉得某家公司不错，建议大家买进。这不是财经报道。但你可以写，关于这家公司，有20家券商分析师建议买进。你可以在报道中引用这些分析，提示这家公司被关注，但记者自己不能判断说，这家公司可以买。

接下来是基于逻辑严密的评论分析。比如，有人说这是我们约专家写的，专家说某家公司特别值得买，但最后发现这家公司造假，这个责任是专家的，还是媒体有连带责任？如果刊登了不实的内容，媒体是要负连带责任的，因为稿子通过媒体平台对外发布。为什么我说，涉及股市报道和财经新闻的严肃性时，自媒体根本不合格，因为他们对自己登的内容是不能负责的，既没有负责的意愿，也没有负责的能力，这种文章所造成的恶劣影响是可怕的。

所以说如果未来大家想做财经新闻，想做上市公司的报道，应该选择机构媒体。如果你想看到一些比较准确的与上市公司有关的内容，应该选择可信任的、有公信力的机构媒体，而不是听自媒体的道听途说。自媒体里面确实也有真实、准确的信息，但最大的问题是它不能对刊登的内容负责。《财经》是愿意对我们登的内容负责的，就像当年我们的报道被质疑，我们连夜起草了一个声明，核心是说，记者报道股市是一个职务行为，是经过我们审核流程发出来的稿子，所以这篇稿子有任何问题，《财经》杂志社负全责。

股市就是一个要被公众和媒体监督的市场，所以《财经》将一如既往地基于准确、扎实、中立的采访原则，对股市进行报道和监督，我们将支持我们的记者继续做这类工作。我们也要求相关部门基于法律法规，公平地进行事件真相的追究。当我们的内容恪守了基本原则之后，我们是非常有底气的，我们不介意公开表达我们的态度，维护记者的权益，承担媒体的责任。这个承诺背后所蕴含的意思很多，也非常重要。如果这个报道被证明是虚假的，那么不仅记者编辑有大麻烦，《财经》也可能被处罚，几百位同事的饭碗就砸了。

所以为什么强调连带责任的问题，责任比什么都重要，说话痛快容易，要负责任的说话不太容易。而媒体的表达必须要非常负责，尤其是涉及亿级、百亿、千亿级公司的时候。媒体的影响力应该来自权威、准确、扎实的调查求证和平衡报道，而不是来自渲染、耸人听闻和对刺激文字的玩弄。没有影响力是失败的，但如果影响力是通过不正当方式获得的，问题更大。

在涉及资本市场报道的时候，如何对内容有信心？说一个工作方法，做好录音和记录是我们的一个基本功，就像当时我们记者被查，他出示了随手记的文字记录，以及一段电话录音，最终也证明他的采访和报道没有问题。所以，准确并有依据，是股市报道的边界问题。

第二部分概括一下就是，股市充满了利益的诱惑，各种力量都会在里边努力寻求它的利益。媒体既是信息的传播者，也有可能变成信息的陷阱。如果不准确、不权威、有偏颇的信息通过媒体放大，尤其是通过一些有影响力的媒体来放大的时候，对股市的影响可能是灾难级的。那么反过来，媒体在股市报道中坚定地恪守独立原则、公平原则，真正地让信息公开变成一个有效的信息补充，变成对市场不法行为和市场风险的及时监督和提示，对于媒体来讲是至关重要的。

三、资本市场报道的采编与写作讨论

第三部分是讲技术层面的。我们发现很多标准的资本市场的报道是可以通过程序和机器来完成的，比如说上市公司发布财务报表，每家公司财务报表的发布是有一个标准格式的，所以我们在报道不同公司的财务信息的时候，可以程序化地写作。海外很多机构已经在做程序化写作的尝试，对准确、及时、标准化格式的信息的处理，未来一定是程序来做，智能写作会是一个大趋势。所以如果我们只会简单写作，在股市报道里面未来是没有希望的，一定会被机器所取代。但是深度问题怎么办？现在是一个大的挑战，这是《第一财经》和阿里合作的 DT 稿王智能写作机器人，周健工当时评价说它实现了一半，快速、标准化、信息准确实现了，但深度分析、个性化表达和对行业的洞察还不够。当然这又过了几年，一定有了新的进步，但总体上还是这样的。

目前来讲做数据可以交给机器人，但研究、分析、建模可能还需要人工，所以叫作机器和人、程序和大脑的结合，这是我们对上市公司、资本市场进行深度调查的一个重要方法。尤其是对上市公司进行调查的时候，非常需要亲临现场，你要去看五粮液，要去看银广夏，这个是机器所不能取代的。记者不到现场，没有经过实地调查走访的报道，在可信度上是大打折扣的。所以在这一点上来讲，技术并不能够代替人工。

另外一个我想强调的就是，当我们做上市公司报道的时候，新闻专业主义和财经专业主义二者缺一不可，甚至有时候财经专业主义会高于新闻专业主义。也就是说你要了解这个行业，了解公司、了解股市、了解投资，你的经济金融知识可能压倒你的新闻采访技巧。

《财经》的员工里有相当一部分是学经济和金融出身的，当然也有相当一部分是学新闻传播出身的。那么对于新闻传播出身的人，很重要的一点就是如何尽快弥补经济知识的不足。有新闻传播的敏感性，有新闻写作表达能力的人也很占便宜。比如我们的证券组和金融组，是我们内部写作最差的两个组，我们经常批评他们的文章面目可憎，让人完全看不下去，因为他们有时候过于严

谨，不敢表达。我们写得最好看的是互联网组，总是妙笔生花，但金融组则认为他们的有些数据不严谨，写法不严肃。所以永远面临这样一个冲突。

那么我强调二者并重是什么意思呢？要会写作，要会讲故事，要有故事化、细节化、人物化的能力，这是新闻专业性一个很重要的体现。当然，新闻专业性还有另外一点叫作平衡，还有核实交叉验证，这些都能在新闻学院学到。但财经专业主义确实要交叉学习，所以为什么我建议如果大家未来要做财经报道，可以考虑去经管学院选课，对财经专业能力会有很大的帮助。

还有一点就是媒体的智库化，这也是一个很有意思的趋势。《经济学人》最重要的一个机构叫经济学人智库（EIU），大概有 600 人，有兼职的，有全职的。他们在做的是对于主观的分析、客户的服务，一些中国大公司就是经济学人智库的客户，一年给《经济学人》几百万去买它的研究报告，帮这些公司分析哪个市场未来在政治、经济等各方面对业务最适合。所以媒体的公信力能够转变为研究能力和商业服务能力，这是媒体除了广告以外，另外一条更加光明的道路。像《财经》有一个财经智库，一年大概有几千万元收入，服务地方政府，也服务一些商业机构，完全按照商业的方式独立做，弥补了我们在其他方面收入的不足。

四、财经报道如何写出"爆款"

这一部分是关于传播的挑战，今天的传播我们要考虑流量问题，考虑公众关注度的问题。所以《财经》已经做了很多的改变，我们有很多的量化统计，如何让好的报道受到读者更多的欢迎。另外一个就是实现独家，以及速度的问题、标题的问题、内容的可靠性等。有人说为什么《财经》能做到关于资本市场的这么多的报道，这跟我们的主办机构有一点关系，这家机构名叫"中国证券市场研究设计中心"，是为中国资本市场的建立而生的，1989 年成立，然后直接参与了中国资本市场的设计和建设，在这方面资源丰富。

五、财经媒体行业未来在何处？

最后在这一点做个总结。财经媒体行业未来的机会在哪里？我认为如果你要做个性化内容，可能工作室模式是一个很好的机会。但如果你想做规模化的信息传播，那么一定要去机构媒体。在中国，媒体的独立性、覆盖度都是远远不够的。

举个例子，刚才说《经济学人》一本周刊，在全世界一共有350个记者编辑，有将近200人是在英国以外工作的。而今天中国的财经媒体，每一家在海外派驻都不超过20人，所以我们的信息覆盖度、信息采集都不是全球化的。当你的信息采集不是全球化的时候，就绝不可能形成全球的影响力，这是一个硬指标。所以，什么时候我们往全世界派驻中国的财经记者的时候，什么时候中国财经媒体的国际化和品牌化就会有更好的发展机会。

当然还有媒体的并购。《财经》《财新周刊》能并购吗？可以跟《第一财经》合并吗？很难，因为牌照是分开的。所以这些因素都使得中国财经媒体相对分散的状态还会持续一段时间，资本的力量、人才的选择、市场的选择会在中国呈现一个更加复杂的结构。我个人觉得有志于做财经新闻报道的同学们还是有很好的从业机会的，它最大的价值是训练你的逻辑思维，以及数字分析、调查研究的能力，从而让你未来无论选择进入什么行业，都能给你提供最好的一线的训练。所以我们也有很多同事陆陆续续加入了其他行业去做研究、做分析、做传播，我们欢迎所有人，同时我们欢送这些各有追求的同事，他们在扩充我们的视野，让我们在更多领域有丰富的资源。

谢谢大家！

证券市场报道

文　钊　《经济观察报》执行总编辑

　　非常高兴有这样的机会跟大家交流，今天我们讲市场报道，我的题目是《注册制，未完的革命》。

　　为什么会讲注册制这个问题？因为我觉得市场报道非常复杂，但是我又不愿意把大家拖到特别复杂的财经话题或财经专业领域里面去，毕竟我们还是在做新闻。我之前在这里讲过国家牛市，国家牛市是从 2014 年到 2015 年，现在已经是 2020 年。如果我们从更长的时间维度去看这段历史，国家牛市是注册制变革过程中的一幕。中国股市在过去的七八年里最重要的一件事就是注册制。当我们去报道注册制的时候，很难用一些泛泛的概念或者定义去讨论它，我们要关注的是各个利益相关方，要关注的是市场参与者。我想跟大家一起看一看，在过去八年左右的时间里中国资本市场发生的变化。然后我们要讨论的是，从媒体的视角出发，我们如何去关注那些利益参与者和相关的市场主体。

　　我要讲的是一场关于注册制的奇幻漂流。当我们回到注册制这个话题的时候，我们要讲的故事是什么？一般从市场的报道去讲，可能我们都会去关注市场波动、资金流动、机构动向；从上市公司的报道去讲，可能会关注公司价值、利益相关方的行为和互动关系等。我们说在注册制下，媒体的功能是加强和放大的，因为当资本市场真正让市场来决定它的资源配置，交易所只是负责合规审核，中介机构只负责财务真实性审核的时候，就需要一个第三方的中立者去监督市场——从媒体的视角去看，从监管者到上市公司，再到中介机构，甚至也包括投资者的真实情况是什么。媒体提供的是公共品，媒体的角度一定是第三方的角度，它不是从公司的角度去做信息发布，而是从市场真实性的角度，从维护市场三公原则的角度去做这样一件事情。

接下来说一说"五指理论"。台湾地区证管会主席戴立宁口述的《一以贯之》，讲了台湾股市 20 世纪六七十年代到八十年代的情况，"五指理论"就来自于他。具体来讲，大拇指是投资者，食指是服务机构，中指是媒体、会计师和律师，他们是中立的，负责信息的真实有效。无名指是戴婚戒的，是通心的，要戴最珍贵的东西，证券市场中最值钱的一部分是上市公司，同时它也要承担一定的管理职责，这里包含有自律的成分，比如公司治理的问题。为什么会把小拇指作为监管者？是因为小拇指虽然没有力量，但当你合掌礼佛的时候，小指永远是对着佛祖的，佛法无边，佛法就是监管的规则。但是我希望大家注意的是，不要孤立地去看任何一个手指。当我们讲这个市场的时候是讲一个整体，是讲一个生态，一个指头其实是完不成一件事的，抓一件东西一定是五个指头一起动。所以在任何一个层面，如果没有协同，都会出现一些意想不到的问题。

我们的故事实际上要从 2012 年开始讲起，当时的中国证监会主席郭树清在证监会开会的时候提了一个问题，说"IPO 不审行不行？"其实注册制不是突然提出来的一件事，可以说在中国证券市场过去 30 年中不断有人提到，但由一位证监会主席去讲这个事，可能还是第一次。所以这个是我们《经济观察报》那一期的头版头条，郭树清在会上也讲了很多其他内容，但是我们认为最值钱的就是这一句，最具有新闻价值的也是这一句。所以我们的标题是《郭树清发问：IPO 不审行不行？》，这样一个问题其实搅动了当时市场的情绪，也引起了广泛的讨论。当然我们知道，这句话不是随口说，郭树清也不是随口一问。

我们做新闻一定要去看它的背景，就是一个新闻事件的发生是处在一个什么样的环境下。为什么会在 2012 年的时候提注册制？一定是有它的道理的。2013 年 11 月 12 日党的十八届三中全会《关于全面深化改革若干重大问题的决定》公布，文件里面讲要推进股票发行注册制的改革，它只是上百项改革事项中的一项。但这个《决定》最重要的一点不是某一项改革，而是对于政府和市场关系最根本的认定的变化。它讲让市场在资源配置中起决定性作用，更好地发挥政府作用。当我们在资本市场讲到让市场在资源配置中起决定性作用的时候，不能不讲到注册制。注册制最根本的一条就是让市场来决定企业能不能上市。

如果我们大家去看上证指数，就会发现那个时候股市已经陷入了一个僵局，2012 年股市大概跌到了 1 800 多点。当股市跌得特别厉害的时候，政府的选择就是暂停 IPO，因为新的 IPO 要在股市上抽钱，股市是一个资金推动的市场，如果没有资金了肯定就会不断下跌。为什么讲注册制是让市场决定的，当注册过后，审核过后，具体什么时候发是由企业自己决定的，但过去是由政府或证监会、交易所来决定，当他们觉得节奏太快的时候就不让你发，虽然你过会了，但是上不了市、挂不了牌。所以到了 2013 年 4 月，等着挂牌的已经过会的企业有 700 多家。这就是当时所说的"堰塞湖"。

中国经济的基本面也在发生非常大的变化。2013 年我们开始讲"三期叠加"，包括经济增长的增速下滑，2008 年之后"大放水"刺激政策导致的后遗症，新旧引擎的转换。中国经济进入新常态，引擎切换意味着中国经济需要从过去的投资拉动转型为内需拉动。通常我们说股市是经济的"晴雨表"，但那时中国股市不是经济的"晴雨表"，因为它的成份股更多的是一些代表旧经济的公司，新经济公司因为上市制度的约束不能在国内市场上市，都在海外上市。

基于以上背景，改革肯定是箭在弦上，不得不发。一旦形成了这样一种共识，注册制就是一个马上要做的事情。

回头来看，2013 年的时候，证监会已经做了很多政策性的宣示，包括跟市场沟通，讲注册制的核心是什么。通常来说，注册制是以信息披露为核心，由监管机构进行合规审核，合规审核不是对真假的审核，只看应该披露的是不是都披露了。具体信息的真实性、准确性和完整性是由中介机构来审核的。在这个基础上，只要公司做了充分的信息披露，剩下的事情就由投资者自己决定，判断企业的价值和风险，自己作出买卖决策，当然风险是要自担的。但如果这个过程中出现了因为上市企业内幕交易或虚假信息披露导致的投资者的重大损失，投资者是可以要求赔偿的，是可以去发起诉讼的。还有一个信息需要注意，就是2013年启动了新证券法的修订工作，因为如果没有一个新的适合于注册制的证券法，是很难推动这样一个变化的。

2014年3月的政府工作报告也讲到了推进股票发行注册制改革。但我们要留意，通常政府工作报告会提到很多改革，有些是中长期要考虑的，有些可能是年内就要落地的，有些是年内可能去讨论、去研究、去规划的。所以媒体会特别关注政府文件的措辞，比如说政府讲"积极推进"而非"稳妥推进"，媒体就会揣测它到底是说要更快，还是说这个事还会拖几年。

2014年3月，上海证券交易所着手制订推出战略新兴产业板方案。新经济公司如何在国内市场上市？从投资者的角度说，是不是能够让投资者去分享新经济企业成长的红利？因为当时没有很好的渠道买美股，这些企业在中国市场上成长壮大，但是它的回报中国市场的投资者是享受不到的，反而是外国投资者去分享红利。

2014年5月，政策层面也在讲积极稳妥推进股票发行注册制改革，发布了《关于进一步促进资本市场健康发展的若干意见》（新国九条）。我们会看到，除了正式的法律法规，国务院或中共中央通过发文件去推动制度变革和行业发展，也是非常重要的一种方式。

可以这么说，当时注册制改革已经是蓄势待发的状态。

这是我们讲的一个大背景。这篇《国家牛市》的报道是我们在2014年12月份发的，那个时候就已经有非常多的声音在说国家需要一场牛市，因为经济转型需要资本市场去配置资源，需要资金。当时中央的文件里还提到了增加居民的财产性收入，这被解读为就是让大家在股市里赚钱。这么多的声音集中在一起的时候，很多投资者就认为这是一场肯定会有的、国家推动、国家背书的股市上涨。当然我们在报道里希望表达的是，市场有自己的规律，有自己的逻辑，是不以政府的意志、投资者的意志为转移的。很多对于国家牛市的讨论也好，附和也好，很可能是一个危险的信号，但当时大家都是乐见市场上涨的。

我们来看看不同的市场参与者和利益相关者在这个过程中的表现。

首先来看看分析师。2014 年 9 月，国泰君安的首席分析师任泽平提出"党给我智慧，给我胆，拿着党章进股市"，他的研报就是以这种犀利的风格、大胆的言论引发关注。他还提了一点说"中国经济增速新 5% 比旧 8% 好"，这个看法是有道理的，因为 5% 从经济增长的质量和可持续性来讲要比过去的 8% 更好，这其中有经济结构转型的问题，也就是我们现在所说的高质量增长的问题。2015 年 3 月，长江证券的桃子姐说，"侠之大者，为国接盘"。当时的分析师都喜欢用语不惊人死不休的方式来表达观点，比谁的语言更能够抓住人心，但它其实已经偏离了研究的本质。

市场上的人是这么说，那监管者呢？2015 年 3 月两会期间，记者采访了当时的证监会主席肖钢，问他对股市的看法，他说"股市上涨是对改革开放红利的反映，是各项利好政策的结果，有其必然性和合理性"。中国的监管者比较喜欢谈市场，但其实我们要思考的是，作为证监会主席来讲，他适不适合进行这样的表达？

证监会其实发现了融资融券业务的风险，当时大概有 91 家机构，证监会在 2014 年 12 月初对 45 家现场检查，并在 2015 年 1 月处罚违规。1 月 16 日发布会上通报了结果，对 12 家采取行政监管措施，并表示要加大检查和处罚力度，结果第二周一股市大跌 7.2%，加上同时还有其他的一些监管机构也发布了信息，银监会发布《商业银行委托贷款管理办法（征求意见稿）》，央行货币政策司官员说"防止过度放水"，市场就解读为监管部门有意联手打压股市。但我觉得这是一个巧合，不是大家约好了一块去做这样一些表述。很快这几个监管部门就出来澄清，表示并无此意。即使如此，监管部门在 2 月融资类业务专项检查时就手软了，对 46 家进行检查，只对 6 家采取了行政监管措施。

到了 2015 年 3 月 20 日，证监会召开发布会。通常来讲，成熟市场的监管官员是不会对股市涨跌做任何评论的，但我们的官员当时是会进行分析和评论的，新闻发言人也在说股市上涨有其合理性和必然性，还讲了股市的平稳健康发展对于加快经济转型升级意义重大，等等。

媒体在这个过程中间扮演什么样的角色？你会发现专家也好，传播机构也好，大家的方向是一样的，都在讲国家需要牛市、经济转型需要牛市、股市走牛上升为国家战略等，这都是媒体报道的内容。

我们再去观察投资者，你就会发现大家的选择其实也是一致的，更多的人在冲进股市，一周内新增开户数 168.41 万，持仓的账户数、参与交易的账户数都创了新高。我们大家知道 2007 年是一个峰值。这是当时的一段公案。因为大家都说那时《人民日报》鼓励大家进股市，说 4 000 点才是 A 股牛市的开端。无论学界和金融机构都在说《人民日报》和新华社起了不好的作用。我们也找到《人民日报》了解情况，他们说这是人民网华东分社记者写的稿件，人民网是一个独立的网络媒体，不能代表《人民日报》的观点，新华网转了这篇文章，也不能说它是新华社的声音。

我认为这里面有很多种力量共同作用，使它成为一个公共事件。一方面确实有很多普通投资者不清楚《人民日报》、《人民日报》客户端、人民网到底是什么样的关系，不清楚新华网和新华社究竟是什么样的关系，也不清楚《人民日报》的记者和新华网的记者写的报道有什么区别。同时也有一些不好的力量，包括一些券商机构、自媒体，只看到《人民日报》说 4 000 点是牛市开端，是不会去追究源头的。我觉得这对新闻人是一个重要提醒，你看到任何一个观点、一个事实，一定要找到源头，从半道看来的消息一定是有问题的，一定是很容易错的。

为什么官媒发了一篇文章，大家就觉得这可能是代表政府的？媒体和政府其实是两回事，但在中国有一些历史渊源，让大家觉得媒体就是代表政府的，因为我们有过用媒体来调控股市的先例。像 1996 年年底股市暴涨的时候，《人民日报》特约评论员文章把股市的暴涨定性为"机构大户操纵市场、银行违规资金入市、证券机构违规透支、新闻媒介推波助澜"等，导致股市暴跌。当大家对股市信心不足的时候，1999 年 6 月《人民日报》发表特约评论员文章，要求各方面要坚定信心，发展股市，珍惜股市的大好局面，结果上证指数在 30 个交易日内上涨 64%。

然后我们看对股市最重要的上市公司在做什么。随着股市的上涨，上市公司的高管在不断减持，在 2015 年 5 月达到了一个峰值。他们对于公司的价值是非常清楚的，知道公司可能没有那么值钱，它的股价已经远远超过了它应有的价值，这个时候要做的最有利动作就是在高点套现。

从前面这些言论里可以发现，大家始终认为市场是可以调节的，认为股市涨得太快，希望从疯牛变成慢牛。当时也有一些比较理性的声音，汇金副董事长李剑阁就说，"'国家牛市'是一个危险的概念，如果存在一个资本市场是只涨不跌的，我当然欢迎，但是没有！"

很快到了 2015 年 6 月份，股市开始一路下跌，就开始了救市行动，作为媒体我们要去看救市是怎么救的。市场最重要的是规则，你会发现我们的救市行动一开始是没有什么规则的，都是一些临时性的行动，比如 28 只新股发行暂缓，这是中国证券市场第 9 次停发新股。这时候投资者的数量也在减少，根据中登公司公开资料显示，与 5 月份相比较，6 月份持有 A 股市值在 50 万元以上的投资者数量锐减了 24 万人。

这个时候中国的监管机构永远都要表达它对市场的理解。当然媒体也会问，比如股指连续大幅下跌，证监会有何评价？证监会官员说这是市场前期过快上涨的自发调整，是市场自身运行规律的结果。过了大概一个星期，证监会说 A 股市场出现非理性下跌，要求上市公司根据自身情况制订维稳方案。此时媒体也在发声，说促使 A 股市场重新回归理性轨道是当前市场发展的迫切任务，经济指标都向好，等等。

《财经》记者王晓璐事件大家应该都知道，何刚老师也讲过。如果从新闻专业的角度去看，一个是需要通过不同的信源交叉印证、核实，并且当信息非常繁杂的时候，也是需要进行一定的判断的。另外从发表时机来讲，你会发现所有关于市场的报道，小到对一个公司的报道，大到对宏观面的报道，这些新闻一定都对市场有或正面或负面的重大影响。但什么是一个新闻发表最合适的时机？通常来讲是很难去界定的。或者说，当你认为一个经过准确核实的信息对市场有重大负面影响的时候，就可以不进行报道吗？也不是的。

至于轰动效应和抓取眼球，有些信息发布出去一定是有轰动效应的，一定会带来很高的流量，但除非你是刻意放大、刻意扭曲信息以获取轰动效应，否则一个客观、准确、经过严谨核实的信息，即使得到了非常大的关注，也与新闻本身的真实性没有关系，不能说被很多人关注就是错了。

然后我们去看证券分析师，安信证券的徐彪公开表达了自己对前期所做年报的歉意，这种反思很难得。当时很多本来应该很冷静的专业分析师也丧失了客观的看法，跟着市场的情绪在走，一直是很积极乐观。

上市公司在做什么？中航工业的负责人在专访中说"敌人是冲着五星红旗来的"，发动全体员工买股票。当我们在讲阴谋论的时候，就一定是有"坏人"的。股指期货就被看作麻烦制造者之一，这样一些观点导致股指期货在此后的一段时间里交易功能不断被限制，直到最后基本丧失了交易功能。但是也有人认为股指期货本身并没有对股市施加压力，反而承接了股市的抛压。

2015年11月的时候，决策者也出来谈，说我们要形成一个融资功能完备、基础制度扎实、市场监管有效、投资者权益得到充分保护的股票市场。决策者在短短的50天的时间里密集地谈及中国股市，大家认为这释放了非常重要的信号。我们做新闻首先要看政府做了什么，出台了什么样的政策，还一定要关注为什么这么做，这么做有没有道理？比如在股指连续快速下跌的过程中，政府要不要去救市？其实也是有争议的。

这是可以比较和参考的。2008年美国的救市，要经历通过法案、国会博弈等阶段，根据这样一个法规来规定能做什么、不能做什么，责权利界定得非常清楚。并且事后我们会发现美国当时投入的资金，尤其是投到公司里的资金并没有损失，反而随着市场的稳定和股市的回暖在赚钱。

1998年香港特区政府也实施了救市，我们可以看看他们是怎么做的。1998年8月，香港特区政府动用外汇基金救市，短短数日投入约1 180亿港元，以打击对货币及股票市场的双边操控活动。虽然香港成功击退国际炒家，但救市行动却也引起巨大争议。多年以后，曾任香港金融管理局总裁的任志刚还说，入市决定所引起的争议至今仍然存在，无论我们怎样清楚解释，毅然介入自由市场的运作，仍是受到质疑甚至反对。即使这样，我还是看到部分批评者至今已接受了一个简单的事实，就是市场并非无懈可击，保证绝不失效的；在全球一体化的环境下，细小及开放型的金融市场出现市场失效的机会就更大。事实上，不论基于任何原因，市场一旦失效或已有此迹象，当局都有责任作出适当行动恢复市场秩序，以免问题扩散对社会造成无法修补的破坏。

如果这个理念大家可以接受，要观察的是救市资金的进与退。比如政府之手如何退出。1998 年 8 月，救市行动结束。当时香港股市市值大约 2 万亿港元，如果 1 000 多亿元政府持有的股票不当退出，引起的冲击无法想象。如何以一种对市场影响最小的方式平缓退出，是政府必须考虑的问题。

简单来说，香港的做法，是先成立了香港外汇基金投资有限公司，负责管理香港特区政府在 1998 年 8 月入市行动中购入的恒生指数成份股组合。到 1994 年，外汇基金投资有限公司宣布委任三位财务顾问，协助出售外汇基金所持相关股票组合。根据当时政府的安排，价值相当于外汇基金约 5% 的部分股票被保留作为长期投资，投资于香港股票。政府一并要求投资公司外聘经理以管理这个组合。其后，对于政府资金的退出，香港确定的方案是推出表现紧贴恒生指数的单位信托产品发售计划，这个单位信托基金后来定名为盈富基金。1999 年 10 月，盈富基金首次发售，这个基金也是当时最庞大的首次招股行动，一共筹集了 333 亿港元，参与的散户及机构投资者多达 18 万个。

到了 2001 年 4 月，特区政府透过盈富基金所取回的金额，已经超过外汇基金在入市行动所动用的 1 180 亿港元。当时香港金管局公布的数据显示，特区政府透过盈富基金出售总值 1 400 亿港元的股份，并且获派 240 亿港元股息，而在盈富基金持续发售机制结束时，特区政府仍以外汇基金长期股票投资组合的形式持有 500 亿港元的股票。

2002 年 12 月 12 日，时任金管局总裁任志刚表示："到了现在，曾荫权、许仕仁和我大可为 4 年前策划的入市行动松一口气了。盈富基金的持续发售机制将于今年第四季度终止，就 1998 年 8 月入市行动而推出的出售港股计划将告完结，本港金融史亦会就这一页画上句号。"

那么再看我们自己救市的过程，可以反思的东西非常多。我们没有一个公开的授权，来规定可以做什么，投入多大规模的资金，买多少家公司的股票，也没有以一种比较透明的方式告诉我们救市资金是如何退出的，如何评估这些操作，包括最后的收益是多少等。我想这些方面内部一定是有反思的，但是我们希望这样一种反思能够在更公开、更广泛的层面上展开，去反思为什么会发生这样的事？它的缺陷在哪里？改革的方向在哪里？需要改什么？这些都是非常有价值的。

当时大家都以为 2015 年的事情就这样结束了，股市进入了一个相对平稳的阶段，结果 2016 年 1 月中有两天出现四次熔断。引入熔断机制是希望在股市下跌到一定程度时终止交易，让大家冷静之后再去做买卖决策，好像很适合中国市场，也很适合中国投资者的特点，但没想到后来出现了"磁吸效应"。就是说，当接近熔断阈值时，部分投资者会提前交易，导致股指加速下跌后触碰熔断阈值，这也使得 A 股几个交易日内连续出现熔断。

在这个情况下，肖钢被免去了证监会主席的职务。如果我们去看肖钢的履历，基本上他是在央行系统，然后到中国银行，再到证监会任主席。证监会的几任主席的履历都很像，都有央行和国有金融机构的背景。但其实证券市场和信贷金融机构是很不一样的，所以也有一些学者认为，他们在证券市场领域可能缺乏足够的经验。美国的财政部长基本都来自大型投行，都是曾在市场上呼风唤雨的，所以当他来到监管位置的时候，一方面与市场会有很好的沟通、交流，另一方面也知道市场是怎么样的，会在制定政策时知道怎么做才是对症的。

肖钢作为前任证监会主席，在 2020 年出版的《中国资本市场变革》一书中也反思了父爱主义，当讲到 2015 年时，他说暴跌是市场杠杆资金出逃的前奏和预演，如果在 2015 年 2 月就对违规行为采取严厉的处罚措施，也许后来股指冲不到那么高，杠杆资金踩踏的情况也可能不会那么严重，这是他后来的一个反思。但大家跟他理解可能不一样，很多人说为什么股市严重下跌，是因为监管部门在前期对于杠杆资金采取了一种宽松的、放任的态度，后来在发现杠杆资金量过大导致股市可能上涨的时候，又采取了非常粗暴的去杠杆的方式，导致了股指连续下跌。

说到这里，我们需要回顾一下历史。我们会看到中国资本市场在整个发展过程中，从市场主体来看，一直是有不好的记录，比如基金通过操纵市场去赚取非法收益。《基金黑幕》这篇报道出来之后引起了一场关于中国股市的大讨论，其中最著名的论点是吴敬琏老师说，中国股市是一个赌场，规范的赌场里庄家也不知道底牌，但咱们的赌场里庄家是知道底牌的。朱镕基总理当时视察上海国家会计学院时题的词是"不做假账"，就像媒体机构不写假新闻一样，"不做假账"应该是最基本的要求。但是在相当长的一段历史里，中国的会计师事务所是不受信任的，很多会计师事务所在一些上市公司信息虚假披露、财务造假事件中扮演了不光彩的角色。但客观来讲，好像没有哪家公司、哪家会计师事务所受到了非常严厉的处罚。

"银广夏事件"就是上市公司财务造假，当时《财经》的记者对这个公司前后跟踪了一年多，但始终拿不到核心的证据，你认为它造假，它的出口有问题，如何证明？后来记者从天津海关拿到了这家公司的出口退税单据，这个单据是要国家签章确认的，不可能造假，所以当看到单据上显示的出口量与公司所说不符时，这个报道基本上就成立了。

刘姝威被称为中国股市的良心。蓝田股份是湖北的一家做农业的上市公司，2001 年刘姝威对蓝田提出质疑，她认为蓝田的生产量、销售量过大，与农业的通常逻辑和基本常识不符，它的业绩是有问题的，于是写了一篇 600 字的短文分析蓝田业绩造假的问题，最后蓝田被查处。

那个时候大家还是会问，中国股市为什么会有 2015 年这样一场股灾？官方表达叫股市异常波动。2015 年 11 月，证监会宣布完善新股发行制度，重启新股发行，这是一些技术性的调整，确实从新股定价、中介的职责确认、发行效率的提升等方面做了一些安排，但是从整个大的变革来讲，这可能就是一个小的调整。所以在经历了一场损失巨大的股灾之后，中国股市进入了在线修复的过程。因为市场始终在转，不可能把它关掉，也不可能停下来进行修复。

2013 年确定的注册制的方向是始终没有变的，但这个时候显然这个事也做不了。也可以说，股市异常波动打乱了注册制改革的节奏。

刘士余在 2016 年 2 月就任证监会主席。为什么他上任之后首先要讲监管问题，是因为大家认为 2015 年之所以出现那样大的股灾，是监管出了问题，对违规资金监管不严。但如果我们换个角度去看，可能从监管入手也是最容易的，可以去查处内幕交易，查处财务造假，去做更严格的监管。对监管来说，从严是不难的，依法可能相对要难一点。为什么说全面监管，是因为当时大家也认为之所以有这样的问题，是由于我们对于证券的理解不够全面，很多本来应该是做证券的产品，没有被归到证券里，是在监管之外的。

是不是注册制这件事停了？其实没有停。因为在 2015 年 12 月，全国人大授权国务院在实施注册制改革中调整适用《证券法》，比如《证券法》的有关规定如果与注册制的改革相冲突，是可以暂时不去执行的，这个时间期限是到 2018 年 2 月，后来又延长到了 2020 年 2 月。这其实暗含了一个最理想的时间表，也就是说到 2018 年新《证券法》应该出台，注册制应该落地。

去理这个关系的时候我们会发现，2016 年"十三五"规划草案拟修改 57 处，其中包括删除"设立战略新兴产业板"，我觉得跟整个大的变革思路是有关系的。当然这样一些变革往往是在很高的层面、很小的范围内去讨论的，我们看到的只是一个结果，我们只能去猜，觉得一些战略层面、顶层设计层面的东西已经有了调整，但到底是什么，当时可能并不为更多人所知。

在这个过程中发生了一件特别有意思，也是特别值得去关注的事情。市场是资源配置的场所，是价值发现的场所，证券市场就是上市公司去竞赛，投资者去投票，然后好公司获得成长，坏公司被淘汰出局。这样一件事情发生的时候，我们会发现其实有些事情市场是可以做的，只不过是以一种特别变形的方式出现。那个时候有家公司叫宝能，它在公开市场上不断地买万科的股票，还找到万科的创始人王石说，我准备成为你们的控股股东。王石看不上这家公司，但宝能并没有打算放弃，依然在公开市场收万科的股票，从而导致了一场巨大的争议。因为万科是中国最好的上市公司之一，是房地产行业的龙头和标杆，它的公司治理、公司口碑非常好。宝能也在房地产领域起家，却是一个草莽英雄。当时很多争论在说宝能不配，但是我认为我们首先应该看的是规则，看规则允不允许这么做，当然如果规则有漏洞就要去修改规则。而且在这个事情里面其实不存在所谓的"恶"，因为在西方的公司治理过程中有这样的阶段，外来的资金通过收购股份的方式进入董事会，然后通过推动公司治理来提升公司价值，再卖掉股份以获得更大的收益。所以对于万科来讲，如果市场中有其他资本觉得你这家公司本来应该产生更大的收益，但是你没有，我是可以用资本说话的，这本身没有问题。

但是监管的看法可能不同。比如刘士余在讲话中就说，"我希望资产管理人，不当奢淫无度的土豪、不做兴风作浪的妖精、不做坑民害民的害人精"。

还有一个线索是海外中概股回归，为什么会推行注册制，其中一个紧迫问题就是新经济公司不能在国内上市，从而导致国内的公司对中国经济形态的反应是有问题的。后来做战略新兴板实际上是有这个想法，当战略新兴板不在考虑范围之内的时候，监管部门就推动中概股回归。但是如果我们从注册制的角度来看的话，就会发现这个方案其实是一个折中和短期的考量。如果我们把注册制当作改革的牛鼻子的话，仅仅推动中概股回来，而不考虑从底层做改革，不通盘考虑注册制改革和中概股回归，这件事很难做得好。当然这是事后诸葛亮的看法。

我们要分析的是，当时刘士余作为证监会掌门人，他的核心关注点在哪儿？从注册制层面来讲，很多事一直是在推进的。从他接管的过程来讲，市场要稳定，人心要稳定，因为当时市场信心极度丧失，大批企业已经过会但无法上市，这些企业在他手里怎么办？如果一方面还在不断的过会，另一方面这些企业又上不了市，市场就会有越来越大的麻烦需要解决，再推其他变革是很难的。所以在经历了一个短暂的"蜜月期"之后，刘士余也成为一个争论的焦点，对他的批评非常多，一方面大家觉得严格监管是对的，但另一方面他很多的市场操作是收紧的，包括刚才讲到的 IPO 的问题，可以看到他在证监会的时期每年进行 IPO 的企业反而是最多的，市场又会认为是因为发得太多了，所以股市不断下跌，很多市场人士又一次站出来呼吁新股暂停发行。我们是不断在经历这样一个重复的过程。

同时股市下跌还有一个重要原因是，很多企业前期在便宜资金的推动下，通过杠杆去做并购，扩大规模，在去杠杆、去库存的过程中很多企业维持不下去了。当企业发生巨亏的时候就面临着控制权的转移，因为它的大部分股权都已经被质押了，拿去做并购，拿去买其他东西，无法周转的时候银行可能会要求平仓，平仓之后股价也会持续下跌，或者说它为了拿更多的现金出来，就得不断去卖股票。很多的民营公司就是在这个过程中被国有企业收购，成为新的国有企业。对此，樊纲老师有一个观点，对于要不要救、怎么救这些企业的问题，他认为并不一定非得拿到公司的控制权，也许好的一种方式是通过纾困资金进来，当企业进入相对平稳的运转时再把股份转给其他客户。国有企业只是在中间扮演这样一个角色，并不以拿到控制权为最终目的。

我们对于新经济的渴望一直是有的，所以证监会开始推独角兽企业上市。2018年6月11日小米公布招股书，但中国存托凭证（CDR）首单并未如愿落地，小米放弃了在国内上市的计划。加上当时港股的一些上市公司跌破发行价，也导致了监管者对于新经济公司的担忧，怕万一它们都来上市，很快也会有这样的结果，因为监管者认为这是他的责任。

然后我们来看港交所行政总裁李小加，他也同样面对了所有市场关注的问题，但是他跟我们对监管的理解非常不一样。比如对于新经济公司的估值，我们会担心估值太高、产生泡沫，但是他说这是公司和投资者的协议，跟我没关系，高和低都是市场发展的结果，只要信息披露有序、完整就可以。对于同股不同权，当时阿里巴巴重新到港交所上市，他表示我们没那个本事看穿哪个公司好、哪个公司不好，港交所只是提供这样一个平台，然后让大家自己去交易。所以他认为只要是市场行为，而不是人为的就可以。

也是在这个过程中，大概是2018年10月份，证监会发布一则盘中声明称，要优化交易监管，减少对交易环节的不必要干预，让市场对监管有明确预期，我觉得这一点很值得关注。因为我们的监管常常是"窗口指导"，监管者如果觉得一家公司的操作行为有问题，就会找到这家公司。我们的监管对投资者或机构来讲是不稳定的，因为它始终在变，我们会因为市场的好坏、股市的涨跌去不断地调整，比如股指期货跌得很厉害，就会不断施加新的束缚；如果觉得并购重组有问题，就会上收权限、不去审批，对于市场来讲是没有稳定预期的，所以这样一个声明很有价值，我觉得它体现了监管部门监管理念的一种微妙的变化。

刘士余在2019年1月离开了证监会，当我们去重新梳理这段历史的时候，会发现很多事不知不觉中已经在做了。其实对于整个市场来讲，强监管也好，信息披露也好，打击内幕交易和推动退市也好，如果我们放在改革的大背景下去看，它都是改革的一部分，包括A股纳入MSCI指数，包括对并购重组的审核重新放宽等。你会发现一方面我们在不断开放，在跟国际市场接轨，另一方面我们对内的制度建设也在做，只不过可能大家觉得跟注册制没什么关系，但这些其实都是在注册制下一定要去做的事情。所以我们如果拉长时间跨度来看的话，就一定会确定，注册制一直是没有变更的证券市场的改革主线，只是这项改革前期受到了股市异常波动等的干扰，也曾被一些局部目标影响。但是从证券市场改革来看，我们能出的牌都出了，改革到了深水区，牵一发而动全身的就是注册制，注册制不落地很多改革都推进不了，这时候需要决策者下决心。

2018 年 11 月 5 日，习近平主席在首届中国进博会开幕式上宣布，将在上海证券交易所设立科创板并试点注册制。我觉得注册制的四项基本特征中，特别要强调的一点是企业发行股票筹资是一种天然权利，不是谁赋予的权利。新《证券法》在 2020 年 3 月 1 日实施，全国人大对国务院调整适用《证券法》的授权是到 2020 年 2 月，所以到 3 月 1 日时，授权期结束，新法落地，实现了无缝对接。

2019 年 1 月，易会满任中国证监会主席。虽然新《证券法》出台之后对于违规处罚做了新的界定，但对于我们已经作出的一些处罚来讲，行政处罚这个层面始终是很有限的，顶格就是 60 万元。接下来可能更多取决于投资者的集体诉讼和相关刑法刑责的问题。我们去对照一下差距在哪，美国证券市场有一个很完善的举报制度，从 2012 年到现在，给举报人发的奖金已经超过了 4 亿美元。而我们对于这个过程中的角色定位还不是太清楚，或者说我们时不时又回到了惯性的轨道上去。比如上交所发了一个声明，直接说个别自媒体对科创板发行人信息披露提出的质疑，存在断章取义、渲染构陷的问题，这就意味着上交所认为自己对公司财务的真假是有责任进行判断的。但我觉得这不是上交所要去判断的事情，它只需要对信息披露进行合规审查，披露的信息是否有问题应该在中介机构而不是交易所的层面进行讨论。

（注：2020 年 3 月 1 日起，新《证券法》正式实施；2021 年 3 月 1 日起，修改后的《刑法》正式实施。2021 年 2 月，20 家被抽中现场检查的 IPO 公司中，16 家公司申请撤回申报材料。3 月首周，10 家 IPO 公司申请撤回申报材

料，定于3月4日召开2021年第26次发审委工作会议审议的2家公司取消审核，1家公司终止注册。市场认为这就是新法发威的结果。根据新《刑法》相关规定，出具虚假证明文件，保荐人、律师、会计师，最高10年有期徒刑，欺诈发行最高判刑15年。）

中美两国的资本市场区别还是很大的。比如市值前十的企业，美国70%是科技企业，而我们80%是国企。再看退市，我们不到100家，但美国的退市率达到了5.7%。而从机构投资者来看，我们是一个以散户为主的市场，可能我们也在向机构投资者这个方向去转变。因为当市场越来越依赖于自身的循环和判断的时候，对于散户投资者来说就越来越不好作出专业判断，因为时间、精力、能力都受限，所以在这个情况下会更多依赖于专业的投资者。

2020年10月16日，易会满向全国人大作报告的时候讲了注册制改革所面临的一些挑战。其中，有效保护投资者合法权益仍面临不少难题，当信息披露充分的情况下，风险判断和投资决策是投资者自己来做，但一旦出现问题时，投资者有没有一个有效武器去维护自身权益？比如现在投资者集体诉讼制度开始逐步推行，当投资者能够去发起天价诉讼的时候，对于上市公司也能够起到震慑作用。但对于确实是在竞争中失败的公司，投资者买了它的股票就只能自己负责。

科创板到现在为止也是一个没有完成的革命，想要真正进入类似于美国市场那样的状态，可能还需要很长的时间。而且在这个过程中，如果市场又发生一些大的波动，我们可能还会面对要不要救市、怎样去救市的挣扎。面对这一系列问题，首先考验的是政府，怎么样去给自己定位？怎么样去理解自己的权力和在市场上应该扮演的角色？要推动的是什么？当哪些事情发生的时候，你可以站出来；哪些事情发生的时候，你是要往后退的？而我们作为媒体，要去观察的可能就是这些方面。

作为媒体记者去观察时，始终要带着一种疑问和挑战，而不是说全盘接受。我们过去很多问题的出现，就是因为我们总是顺着一个方向在走。当我们进行反思时会发现，当危机发生时媒体往往会失语，我们并没有很好地预见到危机的发生，其实很多权威的经济学家也很难对危机进行准确预测。但媒体应该扮演一个什么样的角色呢？我认为做市场报道时，如果市场非常乐观，我们就要冷静一点，甚至往后退一下，要有意识地跳出来看一看，发出一些冷静的声音；市场很悲观的时候，也需要去看它的基本面到底是什么样的。虽然我们不可能去做一个很准确的判断，但是可以去关注所有市场主体的行动、变化，然后作出分析。

这个过程中特别重要的是，媒体是公共品的提供者，是一个中立的角色，我们不能成为利益中人。科创板这样一个环境其实给媒体提供了一个非常大的空间，因为大家需要高质量的、独立的、权威的、准确的信息，这个信息是稀缺的。尤其是我们现在处在一个信息泛滥的环境中，朋友圈里看到的内容很多都是没有源头、找不到出处的，我们大量时间里被这些信息所包围。而媒体能做什么？一方面是可以去求证、筛选，去拿到最源头的信息，经过专业的求证，提供准确的、权威性的信息。另一方面可以把那些低质量的、没有根据的信息过滤掉，把虚假信息甄别出来，这都是媒体应该做的事情。而且我相信对高质量信息、专业分析判断的需求，一定是随着上市公司数量的增加和市场的扩张而成倍增加的。它考验的是我们是不是足够专业，包括新闻专业能力和财经专业能力，是不是能够作出客观、公正、平衡的报道，是不是具有可信度和公信力。如果我们能够做到，那么一定可以在市场上大放异彩。

下面是一些小贴士，我想结合我们常规的报道简单地和大家说一说。第一，如何跟专家打交道。我们都不是所谓财经专业的人，所以一旦遇到相关的专业问题，第一时间就想着要去找专家，那么专家能给我们提供什么？应该是一些专业上的理解，而不是让他来决定什么是对的，什么是错的。但是我们还是愿意跟专家去沟通和交流，包括最靠近政府的智库中的专家，偏向市场的券商分析师，以及学校里的专家学者等，他们每个人的专业背景、连接的人群都不一样，但都是我们的信息源泉。媒体记者本身就是各类信息的汇聚点，你收集各类信息，然后去甄别、去选择，最后选定一个方向或选题进行报道。你听到得越多，了解得越多，信息在你这里汇聚的就越多，你对信息的筛选和判断能力也会越高。因为如果你只知道一个信息时是无从判断的，只有对信息进行比较和甄别，才能看到真正的价值点在哪儿。

　　第二，解释你需要使用的术语。财经新闻的报道中经常会用到一些术语，就像注册制本身就是一个非常专业的词汇，对于这一类术语，我们必须去解释。有时候会发现，如果我们对一个事不了解，写的报道大家都看不懂，因为我们的了解有限，只能用别人的、最专业的表述去表达，可能写完也不知道是什么意思，是经不起追问的。但如果我们真的理解，就可以用最简单的中国话把它说出来。大家可以去看券商分析师的报告，尤其是外资券商的宏观分析报告，你会觉得都看得懂，因为它有一个潜在的定位，是给投资者看的，他假定投资者没有那么深的专业功底，所以只用最简单的方式表达。

　　第三，解释上下文关系和背景。我们经常会说一个新闻的发生肯定不是从天上掉下来的，一定是处于一个坐标中的，比如纵向的是时间序列，横向是跟同行的关系。比如一家公司被卖了，你可能不知道这是什么意思，但如果说这家公司是一年前花了100亿元买的，现在只卖了10亿元，那么大家对这个事情的理解就会不一样。再比如，你说一家公司的CEO宣布辞职，这可能说明不了什么，但你告诉大家，这已经是六年里辞职的第六个CEO，意思就大有不同，大家对这家公司的好奇心也一定会大大增强。

　　第四，数据。很多媒体在做数据挖掘，但是对于数据图形来说，把一个图拉伸或压缩之后，它的曲线是不一样的，同样的数据设置的坐标点不一样，给大家看到的感觉也非常不一样。有时候媒体就会因为这样一些不太谨慎的操作，让大家错误地理解一些数据的价值。可能它的波动是很平缓的，但你在设计图表的时候有意把间距拉长，反而会看到一个很陡的波动。现在更多是用专业的数据挖掘公司来做这件事，我觉得这可能是一个更好的方法。

　　另外，如果用数据背后发生的故事来解释数据，会更有意思一点。比如我们讲CPI涨到8%，但是如果你去讲猪肉价格在这个过程中的变化，也许大家的关注度更高。能把枯燥的数据转换成现实中真实发生的故事，是我们作为财经报道记者需要掌握的能力。因为所有的数据都在告诉我们真实世界发生的事情，它不是没有意义的，但是我们往往把自己想象成专业人士，只看数据，而不看数据背后到底发生了什么。比如新冠肺炎疫情期间失业率增加，数据是从5.8%到6.3%，你觉得好像也没什么变化，但这背后是疫情之下无数人的生存现状。所以对于数据我们不要只把它当作数据去看，一定要看到数据背后是什么。你所掌握的数据只不过是根据统计原理转化成的一个数字，但回到原始的过程中，它一定是所有经济行动的集合。经济新闻最终不是关于数据的东西，而是关于人的东西，因为经济发展是为了人的福利的提升。

第五，找到和目标人群的关联性。我们都说新闻是新近发生的事实的报道，最普通的定义确实就是这样，但你慢慢会发现，在不同的新闻机构中这个含义是完全不一样的，比如北京的都市报和上海的都市报，它们读者人群的关注点就可能很不一样。我们内部经常会提醒大家，你的报道写给谁看？读者的关注点到底是什么？目标读者不一样，他所要知道的信息也不一样。

这就是今天我想跟大家交流的内容，谢谢！

财经电视节目制作

哈学胜　中央广播电视总台财经节目中心电视节目编辑部主任

我今天要讲的关键词是"进化"。这个进化，不是媒体生态的进化，我不知道这个生态具体会进化成什么样子，因为其中不可知的影响因素太多；今天也不讲大型主流媒体的进化，那不是由编辑记者决定的。我们假设大家将来都是要从事新闻事业的，而且是从事财经新闻报道的，所以我今天就讲一下财经记者的单兵进化，怎样从外行向内行进化，从低阶向高阶进化，因为不管风云如何变幻，记者的专业手艺才是你看家的本领。

一、改版：再次迭代

首先分享一下央视财经频道的近期动态。首先是我们更名为"总台财经节目中心"，下设央视财经频道、经济之声频率和中国交通广播，还有央视财经新媒体，也就是说有了电视、电台、新媒体三个平台。2019年10月份，央视财经频道进行了最新一次改版，我们称之为"再次迭代"，因为先前已有多次改版迭代，所以这不是一个直接的转型，而是希望上升到一个新的层次。它的定位也发生了变化，叫作"新时代国家财经融媒体平台"。在2019年的无锡塌桥事件中，首先到场的就是中国交通广播的广播记者拿手机进行的视频直播，这是融媒体报道的一次尝试。

为什么要加上"国家"两个字呢？大家稍微留心一下就会注意到，近年来，以国家利益为背景的声音越来越大，这是一个非常大的变化。在过去很长一段时间里，市场的声音是更大的，而在当今国际冲突的大背景下，国家的概念在不断强化。

我们的报道理念叫"专业、权威、价值"，我们相信专业才会更加让人信赖，才会产生权威，进而形成真正的价值。

央视财经频道节目框架的变化也比较大，除了原来的早、中、晚三档资讯节目外，上午还有三档、下午有四档《正点财经》，晚间《经济信息联播》之后又有一档《央视财经评论》，总共是 11 档共 9 小时的直播，这是以前从没有过的直播量。改版以后，财经频道在全国上星频道竞争力排名第 18 位，全国电视财经节目份额占比从原先的 70%～80% 提升至 90% 以上，为近 10 年新高，重获全国性频道应有的影响力。在目前媒体生态不断变化的背景下，不少地方电视台处于财政很困难的状况，这放在以前是不可想象的。在变革的时代，什么都有可能。今天我们不得不考虑，能不能在变革的社会里面寻找到一些不变的生存法则。在这种趋势下，我们也经常思考下一步该怎么走，这取决于决心，取决于财务状况，也取决于队伍，实际上最大的问题可能是队伍。所以，今天讲的"单兵进化"实际上更像是给新入职记者的培训课程。

二、专业，权威，价值

关于专业化的问题，我们要从行业领先者身上学习，比如 CNBC 和 Bloomberg 的 24 小时不间断全球播报以及焦点案例，尤其是关于中国的案例，都是非常值得研究的。他们的财经频道给人的第一印象是包装酷炫、内容聚焦，以资本市场和金融市场为中心。我们过去八九十年代的节目，听着像财经新闻，其实讲的全是实体经济，现在随着虚拟经济的兴起，将内容聚焦于投资者身上，而不仅仅是聚焦于消费者和宏观决策者身上，这将是一个很大的转变。他们的内容聚焦度比我们要好一些，这跟我们所处的市场环境不同有很大关系。我们 2019 年改版增加了财经内容，但并没有大幅度削减生活类等综合内容，实际上财经这块还是在做增量。领先的财经外媒给人的另一个印象就是节奏明快、气场强大。主持人与嘉宾们谈笑风生，好像这个重大事件不是发生在世界其他地方，而是发生在演播室里，可见主持人在电视表达中依然是最强大的元素。

我们经常讲艺术创作的一个原则是源于生活，高于生活。我发现，不好的节目有个共同的特点，就是源于生活，等于生活，甚至可能还会低于生活。电视节目也一样，好的电视节目，哪怕是财经节目，也会呈现出高于生活的特征，以新语态和新场景去呈现经济，甚至会借鉴好莱坞电影的风格去剪辑和包装节目。过去看电影，老觉得中国电影跟外国电影在视觉观感上很不一样，拍不出那种恢弘场面和具有冲击力的镜头，我也向内行请教过。可他说是给你一样的器材，照样拍不出那样的电影；因为不是设备的问题，而是镜头语言和艺术思想的问题，有钱能买来机器，却不一定能买来思想。所以专业化不仅是内容的专业化，更是表达的专业化，只有专业化的内容与专业化的形式相结合，才能实现源于生活而高于生活。好的专业节目不仅场景是专业化的，表达是专业化的，它的队伍比如主持人有强大的专业背景，嘉宾就更不用说了，主要是分析师、机构投资者以及大企业的 CEO，CNBC 在这一点上保持了一个很高的状态。

想要达到这样一个好的状态，队伍的综合素质达不到的话，钱再多、设备再好也无济于事。最大的变化和追赶就是从专业化入手，不见得是 CNBC 的专业，可以是中国特色的专业，因为中国有自己的市场状况、表达方式、思维方式和投资风格。我经常想，如果培训记者的话，怎么能让记者和我们的媒体队伍达到这种状态？我发现，无论是对于团队还是对于个人的专业化，填鸭式培训效果是最好的，走向专业的一个途径就是"刻意训练"。我们过去太随意了，很多队伍不经培训直接上岗，包括我自己也没有受过专业训练。我上过一些 EMBA 的课，也自学过一些东西，而且也读了很多经济学方面的书，但是成效跟刻意的专业训练是完全不一样的。佛罗里达大学心理学教授艾利克森说，对于在任何行业或领域中希望提升自己的每个人，刻意练习是黄金标准，是迄今为止发现的最强大的学习方法。李小龙也说过："不怕练了一万种腿法的人，怕的是同一种腿法练了一万次的人。"这里面其实有很深的哲理。

三、刻意训练：惊险一跃

下一步，我们就要对记者进行这种专业培训。我们在 2002 年推出《经济信息联播》之前曾经对记者进行了长达几个月的培训，从全国各地招收了上百名记者，然后请财经专家、行业大咖和各大公司的董事长、总经理来讲课，每周六讲整整半天，然后再把这些吸收到的东西放到日常的节目采编中去实践、去磨炼。这样连续运转了将近半年的时间才正式推出节目。今天把题目聚焦在刻意训练上，我把它叫作"惊险一跃"。

我今天要讲的不涉及太多理论问题，这么多年来理论的变化其实非常小，我讲的都是针对实际的问题。很多大学生入职后遇到的第一个难题就是怎么找选题、怎么采访写作、怎么发表文章或制作节目。我们新闻专业的毕业生都有一套"出厂设置"，就是老师和课堂教给你的东西，这些跟实际的经济生活和采编工作往往不一样。这套"出厂设置"一般都比较高大上，包括新闻采编业务，包括名记者的故事，还有新闻工作者使命的描述，是非常激动人心的。现实中也的确有不少这样的传奇，比如在过去这几十年里，包括美国、中国很多大型公司的丑闻，其实就是由新闻媒体首先揭露，再由监管部门出面调查。你看，专业的负责任的财经媒体对于社会非常重要，专业的财经媒体一般没有干坏事作恶的动机，它要打造自己的影响力，就要追求客观公正权威，要有高于经济利益之上的追求。

这些传奇的东西固然激动人心，但到了工作单位你会发现，每天上的班和自己"出厂设置"中预想的状态可能完全不同。新闻媒体对新闻毕业生寄予了很高的期望，希望来了以后就能迅速上手，最后却发现一些人有可能三四年都达不到当初预期的状态。

我觉得，新闻媒体不应该想当然地认为大学生毕业就应该是合格的新闻从业人员，必须对他们进行有意识的高强度的培训，我把这个培训的过程叫作"系统重装"。让毕业生从"出厂设置"的状态中激活，使之适应现实的工作状态，中间有个巨大的鸿沟，如何跨越鸿沟，我们叫"惊险一跃"，而能够帮助他们完成这惊险一跃的一个方式，就是刻意训练。

苏格拉底说过，未经审视的人生是不值得过的。我们也可以说，未经刻意训练的记者，不可能自然地成长为成熟的财经记者。要通过刻意训练，来激活"出厂设置"，因为"出厂设置"是很宝贵的。你在学院里学到的一些东西，可能会成为支撑你一生的底层价值，包括你可能已经不再从事新闻职业，但是你多年以后回首，会发现学院对你的这些培养是支撑你一辈子的，无论你干什么行业，公平、正义、对真相的追求等很多理念是深植于脑海中的。当然，这些宝贵的东西不是用来留作将来的回忆的，要让它活起来，使之能够在新闻工作中里实现其价值。所以，个人和媒体的关系，就是要互相对接，互相成就彼此的价值，而这些，都要依靠良好的训练。

关于具体的训练，以下是我自己和他人的一些经验总结。我把训练分为三个部分：能力训练、思维训练和心智训练。一般来说，从课堂上走到现实生活中去、知行合一的过程才是最难的过程。

（一）刻意训练：能力训练

入职新闻单位之后，第一件最难的事情是什么？找线索。找线索的第一个能力叫观察能力，第二个能力是采访和调查的能力，第三个是数据处理能力，第四个是讲故事的能力，也就是掌握传播工具、表达自己的能力。此外当然还有很多能力，但这几种能力我觉得是当财经记者的新人必备的。其中观察能力是最容易培养的，而数据处理能力和讲故事的能力则是最难突破的。

有种说法叫"财经记者是一种生活方式"，此话并非矫情。到了单位后会发现，想成为一个专业的财经记者，你必须完全沉浸其中，把生活和工作融为一体，很好的一点是生活本身就需要很强的财经元素，做好了财经记者以后，你的生活可能会更好一些。以财经的视角观察一切现象，给自己营造一个源于日常生活但又不同于日常生活的财经世界，让自己生活在财经的情境中，这一点看似容易，其实非常难。当你碰到一件事情以后，你很可能就用道德和情绪的视角来观察世界，而不是用财经的视角。营造一个源于日常生活又不同于日常生活的财经世界，也需要借助很大的理性和计算。如果你不看透它，没有独特的视角，你的环境就还是一个普通的环境，而不是一个财经的环境。

1. 观察能力

观察能力怎么训练？我举一些逻辑不严密但是很管用的例子，可以叫作"六看"。第一个叫看社区，然后是看排队、看价格、看公司、看地区、看国家，最后构建一个四维的坐标系，构建一个小小的财经世界。

第一，看社区。举一个例子，假设我们生活在某城市商圈里一栋有电梯的楼里，先不说你家庭里面的各种用具都是跟财经世界相连的，你每天都能碰到各种各样的经济现象。早晨出门第一件事是坐电梯，你就会发现电梯里面有两三家公司，比较独霸的一家叫分众传媒。仔细观察的话，你会发现分众传媒前几年非常强势，每天的广告不停地换，各行各业的广告都满满当当。但从2018 年到 2019 年，分众传媒的广告越来越少，最少的时候一天只放 5 个广告，这 5 个广告在两年的时间里不停地放，这说明它接不到其他广告，后来可能甚至到不收钱打广告的程度。这就类似办一份杂志，创刊初期没有广告怎么办？那就免费给宝马奔驰做广告，可以彰显杂志的高大上，其实并不收费。

分众传媒的状况一方面来自经营不善，另一方面在于经济下行。我这代人赶上了经济上升，而你们这代人将来可能面对的是增速放慢的中国经济。到了疫情期间，分众传媒的广告居然是逐渐在回升的。从分众传媒的这个广告屏幕上，你就可以看到中国经济起落复苏的过程，这就是你观察经济的一个重要窗口，当然前提是需要长时间的观察。广告是经济的"晴雨表"，对经济状况的起落体现得非常精准。为什么很多电视台不行了，很多媒体很难生活下去？因为这几年经济状况在下行，企业干的第一件事就是削减成本，而削减成本的第一件事就是减少广告投放。

另外一个例子就是看社区附近的便利店。最早的时候我们看到的是世界最大的便利店连锁店 7 - 11，之后开始出现全家、全时、便利蜂等。零售业也是以后大家会经常碰到的一个报道对象。而在便利蜂的迅速发展背后，还可以看到几个变化：首先，从这两年开始，店里没有人收款了，扫码支付，实现了收银自动化无人化；其次就是大量的减少店员造成的人力成本，唯一留下来的人就是做关东煮和炒菜的工作人员；第三个变化就是开始出现一圈面对着墙壁和窗户的桌子，供写字楼的工作人员坐下来吃饭，还能让年轻人坐着刷手机。此外，便利店还售卖咖啡，一杯价格在 6~12 元，比星巴克便宜 2/3 以上。

便利店的变化是一个报道对象，写字楼底商里面另外一个重要的观察对象就是房产中介和餐饮，虽然在变化，但这三种业态基本一直都在。房产中介当然随着房地产的变化而变化，最近新房市场走弱以后，中介反而非常火，因为二手房市场活跃，还有很多空房在寻求出租。写字楼空置率也是一个很重要的报道对象，当然每个地方对这个话题都非常敏感，于是转变角度，写某个城市怎样解决空置率的问题，提高写字楼的出租率。餐饮就不用说了，民以食为天，写字楼人再少都有人来吃饭，但是夜里排队的情况就比较少了。

我最近发现的一个新业态就是逐渐增加的牙科诊所。作为单独的一个职业，牙科诊所在中国开始出现，说明人们对牙齿的保养成为一个新的需求。而每一个行业热度上来的时候，所有的资本都会扎进去，最后再逐渐淘汰，"剩者为王"。目前我观察的那几家店都还没有倒闭，说明现在需求还是非常旺盛。另外一个最新出现的就是电子烟店，你在中国的任何一个地方都可以买到烟，我国年轻人的抽烟率在全世界是最高的，抽烟人数的增长率也是全世界最高，因为背后有巨大的利益，烟草税也是巨大的税收来源。

看得越多越敏锐，以上的这些例子都是我们多年来报道的对象，所以在一个社区里，你必须是一个生活者。但是大学生毕业以后有一个基本特点就是不接地气，基本只在自己的小圈子活动，对周围的世界漠不关心。年轻人关心自己的世界是肯定的，但是财经记者还要把自己变成一个生活者，一个以财经视角观察世界的人。

第二，看排队。排队是特别容易出新闻的，在中国这个供需比较平衡的庞大市场，出现排队意味着什么？说明供求失衡，供不应求。比如我们员工请假带孩子去打流感疫苗，结果排队排到 1 000 多号，这也成为财经和科技媒体特别关注的一大焦点。现在大家对流感和新冠疫苗高度重视，而疫苗的产业链非常长，疫苗研制成功之后，利润将非常丰厚，但医药投资的门槛太高，一般人缺乏专业知识，不懂疫苗生产背后的产业机制，这都是财经记者要去跨越的门槛。

其次还有排队买奢侈品。这也是新冠肺炎疫情期间出现的情况，北京、上海等一线城市的商场里面出现了排队买奢侈品的状况，越贵的品牌店门口排的队越长，这是一个很奇怪的现象。原因是疫情期间航班阻断，过去跑去欧美买奢侈品的人现在只能在国内消费。经调查发现，奢侈品消费在世界范围内总体是收缩的，中国还处于快速增长中。很多跨国公司如果不是来到了中国，可能在20世纪90年代就已经死了。

另一个排队现象是大家司空见惯的：排队等车。几年前我步行回家时突然发现，北京大望桥东南角和国贸桥东南角每天傍晚都排长队，排得整整齐齐，全是年轻人，最长的将近100米。打听后才得知，这是等公交车去燕郊的队伍。燕郊离这儿50多公里，却有这么多人天天在排队回家。后来我们的记者清早四点多去往814汽车的起点站燕郊做了采访，发现全是老人在排长队，采访后才发现，他们都是替儿女排队的，来得早座位有保证。有的老人手里还拿着早餐，这样的话再过一个小时，自己的孩子来替换排队老人时就有座位坐，还能在车上吃早餐。这是前几年很普遍的一个现象，包括天通苑、回龙观、燕郊，都被称为睡城。排队两个小时，每天来回5个小时，加上老人排队的时间，每天需要7个小时甚至更多，这种情况叫"跨省上班族"。新闻媒体关心的是什么？关心的是社会怎样发展，人民怎么生活，这就是一个很典型的经济现象，涉及人口问题、就业问题、交通问题、城市化问题等。

此外还有屡次发生的排队离婚事件。最显著的是2016年4月有的地区出台了关于家庭购房限购的政策，大家想办法去离婚，离了婚就能以两到三成的首付再买一套房。我们记者去民政局办公大厅进行了隐蔽拍摄，发现离婚的人挤得满满当当，大家有说有笑，都挺高兴。大家都知道北上广深的房子是会不断升值的，所以都想办法多买房，买房的人比炒股的人强多了，现在资产都翻了10倍。最后我们就拍了一个《愉快的离婚》。

后来的奶茶店、网红打卡地的排队现象都在我们的电视上做过报道，背后实际上都是经济现象。所以看排队也能看出这么多的财经新闻，这是观察能力的培养。

第三，看价格。这是大家最了解的，我为什么还要讲？我讲的都是你日常生活中能见到的，只要用心就能发现选题。价格是经济生活中最重要的一个变量，但没有刻意训练的人看到价格的变化往往无动于衷。只有经过刻意训练，你才会特别注重价格，这不是丢人的事。吃一顿饭问问价格很重要，大家聚会的时候，年轻人爱面子，不愿意问价格，但其实作为财经记者，你就要很在乎价格，这是经济生活中最容易观察的一个指标，也是最容易被忽略的一个指标。

我们从 2018 年到现在经历了一轮"超级猪周期"，猪肉的价格从十几二十块钱一斤后来涨到 50 块钱一斤，就这一现象，我们做过好多节目。大家现在应该基本明白，"超级猪周期"的发生有很多内在原因，比如猪场的污染问题、环保政策的变化问题，还有非洲猪瘟的发生和发展等，都是需要关注的对象。直到近两个月前，猪肉价格开始下行，国家也是想了好多办法。现在有专门的网站和公众号，可以查到全国各省区市每天的生猪价格和猪肉价格，是非常好用的数据。

另外一个价格指标就是茅台酒，53 度飞天茅台出厂价 969 元，指导零售价 1 499 元，实际市场零售价呢，昨天我一个朋友买的是 3 250 元。那么茅台为什么不涨价呢？900 多块钱的东西在市场上卖到 3 250 元还不涨价，这里面就涉及一个巨大的利益链条，也是大家关注的对象。

第四，看公司。为了更好地融入自己编织的财经世界，我一般建议新的记者花几千块钱买一点股票，反正就是亏了也损失不了多少，但有了股票后，你就会留意资本市场，留意行业和公司。我们原来的一位摄像，买股票后深入研究，把自己变成了一个小专家，很多行业他说得头头是道，他后来做了一个关于乐视网的数据分析，最后转岗成了记者。

美国最著名的基金经理彼得·林奇有两本著作——《战胜华尔街》和《彼得·林奇的成功投资》，里面有一个主张，他认为大牛股就在你身边，全是跟生活密切相关的。实际上，上市公司是财经记者报道的最重要的对象之一。报道上市公司涉及资金、行业乃至地区和国家，所以股市叫经济的"晴雨表"，大牛股的背后全是强大的时代需求。在大家都需要电视的时代，造就了长虹这样的大牛股。后来住房商品化，大家都要买房子，出现了万科这样的大牛股，也包括白酒、饮料、医药等。再到现在的互联网，腾讯、阿里、美团，再到特斯拉为代表的新能源车，都是具有时代标杆性的公司。中国有三个新能源车企业蔚来、理想、小鹏，在美国上市，最近天天大涨。你如果经常观察股市的话，这些就自然成为你生活的一部分，也就自然而然地成为我们的研究和报道对象。

此外，还有买100股"坏公司"股票的临时用处。一般来说，公司的股东大会或者是情况说明会，记者是不让进去的。我们有的记者就会买100股股票成为小股东，就可以顺理成章地参加股东大会，有时候还能提问，还有的进行拍摄，不少新闻甚至公司丑闻就是这么被发现的。当然，对于财经记者购买股票，不同国家不同媒体都有着不同的规定，不能违反纪律法律，不能违反职业伦理。

第五，看地区。一个财经记者过年回乡是发现新闻的好时机，比如东北经济观察等，包括山东人都在问山东会不会成为第二个东北，还有各地的房价、各地城市化的进程以及人口红利等，这些大问题都是从这些细小的方面表现出来的。前段时间诞生了一句网络流行的话："大城市养不活我的肉体，小城市放不下我的灵魂。"实际上，小城市不是放不下你的灵魂的问题，可能你在那里找个喜欢的工作比在大城市难多了。

第六，看国家。吉林省吉安市在鸭绿江边，对面就是朝鲜的第六大城市满浦市。我们这边的居民用望远镜就能看到江对岸的军人早晨集体念报纸，或者下河游泳。然后再看路上的交通，有那种冒着烟的卡车，烧的是木炭，一次能行驶20公里。然后再看住房，乍一看跟我们的新农村一样是特别漂亮的房子，看起来生活状况不错，但是仔细观察，会发现不少人家的窗户没有玻璃，据说冬天是拿塑料纸把窗户糊起来挡风。

还有一个是我的独家发现，在布宜诺斯艾利斯，有着世界十大最美书店之一的雅典人书店，是由一个大剧场改建的。我在书店里浏览时，发现里面所有的书基本上都没标价。我们问服务员这书怎么卖，他说店里的书不标价，因为比索的价值会不断变化，汇率会不断变化，只能在电脑里现查价格。最后我们做了一篇报道，反映了阿根廷的经济变化，当然对南美经济有一点了解的人一下子就会理解这种现象了。

通过上面我说的这"六看"，你就能给自己的财经世界建立一批观察点，所有的这些观察点建立以后，经过一段时间，你会建立一个四维的坐标系，因为有时间这个维度。如果没有长时间的观察，很多东西是看不到的。比如"雕刻时光"书店的消失，当初雕刻时光咖啡被认为是中国民族咖啡最强的品牌。另外我还有一个发现，近10年来，成群结队锄草的园林工人从年轻人到中年人最后全变成白发的老年人，这说明支撑了改革开放那么多年的巨大人口红利正在趋于消失。当你的观察积累到一定程度之后，选题就不用愁了，还会发现很多有意思的奥秘，加上时间这个坐标之后，很多东西就会自动呈现在你的眼前了。

2. 调查能力

能力训练中的第二项是调查能力。调查能力涵盖了采访能力，但是我认为，财经记者无论做多么简单的采访，都应该以一个调查的心态做采访，尽可能地穷尽一切细节和链条，最后让自己成为这一领域问不住的人。采访是否到位最大的一个标准，就是看回到编辑部里，人家有没有把你问住。记者出去采访了好几天回来还没有编辑知道得多，这是一个很常见的现象。因为有些记者采访的东西都是网络上报道过的，所谓的采访都是网络调查，有些是道听途说。你搜一条新闻，网上会出现十几万条新闻，都只来自一个源头，来自某一个报纸或电视台记者，而发表报道的这个人可能只做过一个电话采访，甚至只是自己简单的观察和推断，写了一篇网络文章而已。

另外一个值得学习的典例，就是那些资本市场上的空头们对做空标的的调查。2020年最大的一桩做空事件，就是美国浑水公司做空瑞幸咖啡。这家公司为了做空瑞幸下了很大的功夫，他们雇了92名全职和1 418名兼职人员实地监控，记录了981个工作日的门店流量，覆盖了620家门店100%的营业时间，录制了11 260小时的门店流量视频，收集了25 843张顾客收据，最后确定瑞幸有商业欺诈，形成了长篇的调查报告，报告还列出了瑞幸的5条商业模式缺陷。这个调查报告的中英文版本都公布在网络上，大家可以查询。上市公司财务欺诈，实际上是财经记者报道的重点对象，浑水的调查方式应该成为财经记者学习的重点案例。据说很多投资机构都拿他们的报告作为公司内训的教材。当然，关于调查的问题，电视台跟报纸还有一个不同，就是会把调查过程呈现在节目上，这又增加了难度。

调查报道现在是舆论场中的稀有品种，调查记者也同样是新闻记者中的稀有品种，财经调查记者就更加稀缺。

3. 数据处理能力

第三个能力是数据处理能力。李克强总理在 2020 年全国两会后的记者招待会上说："中国是一个人口众多的发展中国家，我们人均年收入是 3 万元人民币，但是有 6 亿人每个月的收入也就 1 000 元。"这一数字引起了强烈的反响，促使大家再次认识中国的国情。如果你要去查月收入 2 000 元以下的人口，那又是一个更大的数字。所以有时候，一个简单的数字能够说明很大的问题，这就是数字的力量。

前总理温家宝说过，多么小的问题乘以 13 亿都会变得很大，多么大的经济总量除以 13 亿都会变得很小，这是总量和平均数的问题。我们的人均 GDP 排名在 2019 年是第 67 名，如果看排在前面的那些国家，其实是很震撼的。所以，有时候数字所能传达的信息是语言无法替代的。

关于数据新闻，有很多可说的东西，有时候，用总量更能说明事实，有时候用人均数更能说明问题，但用人均数的时候也要提防"平均数陷阱"。比如，有一句顺口溜："张家有财一千万，邻居个个穷光蛋，平均下来算一算，家家都有一百万。"所以我们也经常会接触到另外一种数字，就是"中位数"，可能更能说明事情的真相。任泽平 2019 年 10 月份说，现在的 CPI 只要拿掉猪肉全是通缩，意味着货币政策应该是宽松的，而不是紧缩。其中一个原因是指数编制的结构发生变化，比如最早的时候住房不在里面，后来把住房放进去了。这个数据跟 10 年前和 20 年前是不能直接做对比的，因为它结构发生了变化。

在财经报道中，我认为处理数据应该坚持两个原则，第一个原则叫真懂，不懂千万不要装懂。如果不能真的把数据吃透的话，最好不要发布数据，否则很容易被人抓住漏洞。现在的网络上有无数的人在盯你，盯着主流媒体，任何错误都可能被无限放大。自己懂了才能让别人明白。第二个原则叫少而精，要让数据会说话。数据是一个过程，不能让它全部呈现在屏幕上，否则就等于你不会用数字，最不能容忍的是有很多人全文照抄文件，抄到小数点之后好几位。因为电视媒体是一个印象媒体，很难让人记住特别长的数据，又不像纸质媒体或网络媒体那样容易查找，所以数据要少而精，简单易记。不过，汇率报价往往小数点后 4 位的变动也意味着巨大的资金量，不能擅自删除。

我们在上海有一位叫刘怡乐的新记者，最近做了一个《养猪户养一头猪可赚 2 000 元　屠宰场宰一头猪亏 2 元》的新闻，为了把这个事情搞懂，他买了养猪企业的股票，采访了好几个养猪场，最后手工计算出整个数据链条。发现了吗？数据对比产生故事。猪肉涨成这样的情况下，屠宰场还能亏，因为卖猪的人要价太高。这个记者随后还做了一个眼镜行业观察和棉花观察，全是他手算的数据，虽然里面有些细节不完全准确，但的确是入门了，他知道到哪里去找数据，怎么去算数据。还有一个叫贺晓伟的记者，疫情期间大家最关心的是粮食安全问题，他认真比对了联合国粮食计划署各个机构的数据，又跟我国官方公布的进出口数据进行对比，最后得出结论，我们的米面和小麦都是安全的，唯一需要大量进口的粮食是大豆。这就是把数据用活了，让数据说话了。说到大豆，以后大家会发现，大豆是一个可以出无数新闻的话题。

4. 讲故事能力

我一直强调新闻记者不是做 news，而是做 story。刚才说的屠宰场和养殖户之间的关系，就是把一个简单的新闻变成一个有冲突和戏剧性的故事。我们的节目一定要想着高于生活，提炼出表象背后的真相，电视记者最后表达的是由自己的镜头营造的一个不同的财经世界。

关于讲故事的能力，最有效的学习，除了自己写，最好的方法就是看别人的好作品。关于通用的新闻表达，我特别推荐《美国优秀新闻写作选 1981 – 1982》，里面包括美联社等各种机构的优秀特写，显示了记者深厚的功力。关于采访，我推荐法拉奇的《风云人物采访记》，这是所有的新闻学院必须上的课。关于电视节目，我强烈推荐《60 分钟》，可以刻意训练自己的思维模式和表达方式。

（二）刻意训练：思维模式

能力的训练还包括思维方式的训练，这是最难的。我们每个人都有感情，有的时候对某些东西深恶痛绝，有时候对事情的判断难免诉诸道德，但是做财经新闻的记者必须诉诸利益，而不仅是道德、情感，更不可能是一时的好恶情绪。一个典型的案例是走私案件的报道，中国海关每年都公布年度十大案件，这不仅是个法制报道，也不仅是用一句维护国家利益的话就能简单概括的，看看那些走私物品的类型，就能发现，背后全是财经新闻，里面每年反复出现的物品包括洋垃圾、废钢铁、燃油、大米、象牙等，为什么这些会成为每年上榜屡打不绝的走私品？因为背后有巨大的需求，有巨大的价格落差和套利空间，如果没有套利空间，谁会冒这个险？

利益思维就是要让利益分析成为你最有利的工具，成为你将来的一个条件反射，做利益分析和调查的时候，一定要像侦探破案一样，问三个问题：谁出钱？谁受益？谁受损？包括各个国家的 GDP 与税收，谁收的？谁交的？最后谁切的蛋糕？切蛋糕的人自己是不是先拿蛋糕？谁分多了？谁分少了？国家是怎么花钱的？

其次是关联思维，比如井盖丢失的背后、大米走私增多的背后、离婚案骤增的背后，到底与什么因素关联？又如，高额补贴政策的背后往往会有大量的动作走形，甚至骗补，如骗取出口退税、新能源车骗补等。

还有数据思维和画面思维，比如解构中国股市的投资者状况。大家觉得身边的人炒股有的亏，有的赚，至少都是很有钱的人。但是最后我们查了一下数据，发现到 2016 年 4 月末的时候，个人投资者在 A 股流通市值 50 万元以下的人有 4 700 多万人，占持股投资者总比重的 94%，远远超出我们的想象。这说明 94% 的人的账户只有不到 50 万元，甚至账户 1 万元以下的投资者居然占比26%，1 万到 10 万元的占 50%，10 万到 50 万元的占 19.8%，50 万元以上市值的只有 279 万人，仅占 5.5%。而如今的散户更多，2017 年自然人投资盈利只有 3 108 亿元，专业机构的盈利 11 506 亿元，机构盈利是散户的 3.6 倍，不过散户贡献了非常多的印花税，这个也有具体的数字。

（三）刻意训练：心智训练

最后一个训练就是心智训练。好奇心是好记者的第一特质。有的人天生没有好奇心，有的人天生好奇心很强，还有大部分人属于开始有好奇心，但最后被生活给磨没了。以獐子岛扇贝3次跑路为例，我们的记者汤鹤松跟踪这家公司6年，养了一个长线选题。有一次他到大连采访，没有人肯接受采访，最后他每天在大连花钱坐出租车，跟的哥聊獐子岛，最后终于碰到一个愿意讲讲内情的司机。这位司机的一个朋友，正好是为獐子岛播种扇贝的潜水员，水下的事情他最清楚。还有我们的主持人史小诺，为了做《遇见大咖》，约一个人采访要一两年之久，这就是一份坚持，一份愿力。

四、敬畏专业

韩寒曾写过一篇文章，题目叫《我也曾对那种力量一无所知》，写他中学时所在的那个自命不凡的足球队怎样被一个专业的小学生队暴击的故事，也写了他跟潘晓婷打台球时的狼狈。文章非常有趣，建议大家都看看。韩寒所说的"那种力量"，就是专业的力量。所以我们的记者一定要敬畏专业，对自己有一份专业的期许。如果我们一直刻意训练自己，是能达到专业的，因为高手也都是通过刻意训练才成为高手的。所以，刻意训练，从现在开始。这是今天我讲的核心，都是常识，但做到最难，因为从课本上和网上看来的东西都是容易的，自己把这些细节做到才是最难的。

谢谢大家！

房地产市场报道

袁一泓　《二十一世纪经济报道》编委

各位同学，大家好！今天我主要讲的是房地产报道，房地产是中国国民生活和国民经济非常重要的一个领域。授课内容主要分为三个部分，包括房地产市场中的案例及其所指、持续调控下的房地产市场以及房地产报道的方法论。

一、房地产市场中的案例及其所指

2020 年 9 月 23 日下午，一张截图在网上流传，号称恒大资金链断裂。紧接着第二天上午又一张截图流出，证实了上面这张图，内容是恒大集团给广东省的一个请示报告，请求省政府帮忙协调恒大重组 A 股上市公司深深房一事。深深房已经停牌 4 年了，重组没有进展。虽然恒大在 24 日发表声明称这是谣言，已经报警，但综合各方面信息来看，这个报告有较大可信度，披露的数据大概率是真实的。

最触目惊心的应该是这个数据：到 2020 年上半年，恒大有息负债达 8 355 亿元。一个公司负债 8 000 多亿元还是很吓人的，虽然它是一个地产商，是一个资金密集型企业。仅借款的银行类金融机构就有 128 家，基本上是能借款的主要银行和信托公司都借遍了。恒大的合作企业达到 8 441 家，也就是说，恒大将金融机构和上下游合作伙伴全都捆在了一起，这就是"大而不倒"的意思。据我了解，这个数字在业内早就不是秘密了，如果算上其他负债就有 1 万亿元，实际上传说它在 2017 年年中的总负债就有 13 000 多亿元。一家公司能把这么多银行类金融机构借遍，还有那么多合作企业，出现任何问题都是非常严重的。

接下来我们来看这个事件的进展。2020 年 9 月 24 日晚上，恒大发布公告辟谣，25 日恒大港股被做空，成交额放大到 28 亿港元，是前一天的 30 多倍，股价一度暴跌超过 10%。当天晚上恒大就发了三个公告，把自己的销售额等运营数据全部公开，同时宣布恒大汽车拟于科创板上市，恒大物业港股上市获得批准。恒大集团的影响力还是很大的，27 日就召集了美银、摩根、里昂、野村等 10 多家国际知名投行来支持它。还是有一定的效果，到了周一恒大股价暴涨 20%。紧接着第二天，恒大集团与一批战略投资者签订了一个协议，投资者同意把他们的债权转为股权。30 日恒大股价再次大涨 19.39%，危机解除。

1 300 亿元的战略投资正是此次恒大风波的焦点之一。按原协议，如恒大地产不能在 2021 年 1 月 31 日前完成与深深房的重组，1 300 亿元战投资金将转为负债，这无疑令外界对恒大资金更为忧虑。但恒大以神奇的资源整合速度，用 4 天时间就与 863 亿元战投完成签约换股协议，155 亿元战投正在办理手续，还有 282 亿元正在商谈。

这就是事件整个的过程，恒大的应对非常迅速，充分显现了恒大集团对资源的整合能力和在朋友圈中的号召能力。据说恒大内部将 9 月 24 日至 29 日这 5 天称为"危情 120 小时"，也有说是"危情 124 小时"，说这是恒大上市以来最大的一次危机。恒大地产 2009 年 11 月在香港上市，2008 年曾经遭遇过致命危机，但由于郑氏家族施以援手才得以度过。恒大目前的市值约 2 000 亿港元。

9 月底的这场危机过后，10 月 14 日，恒大宣布配股融资 42 亿港元，股价又大跌超过 20%，但这是资本市场对配股的正常反应，因为资本市场对这种行为比较反感。实际上恒大所有的应对都是指向了负债，这一系列处置就是因为它负债，但是它成功地化解了，这是很了不起的事件。

我们讲恒大地产的案例，主要是因为后面我要讲房地产 2020 年最重要的一个政策。表面上看，恒大 8 000 亿元负债危机是主动披露所致，为的是早日完成与深深房的重组，但本质上是与监管部门持续收紧融资有关，引爆点就是所谓融资新规"三条红线"的出台。"三条红线"是 2016 年 10 月调控以来，对房地产企业资金链甚至是对整个企业影响最大的调控政策。

2020 年 8 月 13 日夜里 23 点多，《21 世纪经济报道》发出一条爆炸性的消息，《独家｜房地产融资再收紧？触及"三道红线"不许增长有息负债》，主要内容是讲监管部门出台融资新规，控制房地产企业有息债务的增长，设置"三道红线"，分别是：剔除预收款后的资产负债率大于 70%；净负债率大于 100%；现金短债比小于 1 倍。

这是三个非常具体的规定。根据"三道红线"触线情况不同，试点房地产企业分为"红、橙、黄、绿"四档："三线"均超出阈值为"红色档"，有息负债规模以 2019 年 6 月底为上限，不得增加；"二线"超出阈值为"橙色档"，有息负债规模年增速不得超过 5%；"一线"超出阈值为"黄色档"，有息负债规模年增速不得超过 10%；"三线"均未超出阈值为"绿色档"，有息负债规模年增速不得超过 15%。

文章还列出了符合"三道红线"标准的房企名单，共有 56 家"上榜"，其中不乏知名房企，如泰禾集团、华夏幸福、恒大、绿地等，基本都是上市公司，都是中国最著名的房企。这个报道出来之后，好多人还将信将疑，但 8 月 20 日，住建部、人民银行联合召开房地产企业座谈会，宣布了"重点房地产企业资金监测和融资管理规则"，也就是上面说的融资新规"三道红线"。

恒大自 2009 年 11 月上市以来增长很快，有几年曾经位列全国房企首位，许家印也由此成为全国首富。它如何完成了如此快速的增长？主要靠高负债、高杠杆，它为了这种规模的增长，高峰时期净负债率达到 200% 以上。它还借过一两千亿元的永续债，永续债不计入负债，计入资产，但利率是递增的，好在它在上一轮的调控之前就偿还了。2017 年以来恒大就主动降速、降负债，但毕竟规模体量太大了，降到现在也还有 8 000 多亿元有息负债。监管部门又出台"三条红线"融资新规，像恒大这样的房企，必须保持一定规模才能安全运转，如果强力控制它负债，急刹车，危机就会暴露。

我再阐述一下"三道红线"背景的另外一个方面，就是为什么会设置"三道红线"？实际上这是房地产调控的一个最重要的体现。这一融资新规的出台其实并不突然，银保监会新闻发言人说，"重点房地产企业资金监测和融资管理规则"准备了两年，也就是说真正找到一个有效的调控手段也不是那么容易的，有关部门其实做了大量的工作，做了两年的准备，才出台了一个针对性、指导性都比较强的规定。

"三道红线"融资新规实际上是落实房地产金融审慎管理制度的体现。关心房地产金融的同学可能会问，只听说了金融宏观审慎管理制度，怎么房地产金融也搞一个审慎管理制度？这说明，房地产金融在整个金融体系里占据了非常重要的位置。

举一个例子，房地产贷款。自从住房商品化以来，尤其是 2004 年以来，房地产贷款以及与房地产有关的贷款，占贷款总量的比重一直居高不下，高的年份达到 1/3，多数年份占比也是 1/4。全部贷款仅一个行业就拿走了 1/3、1/4，你说重要不重要？所以，央行党委书记、银保监会主席郭树清说，房地产泡沫是威胁金融安全的最大"灰犀牛"。因为房地产金融在整个金融体系里占据最重要的地位。出台这样一个房地产金融审慎管理制度，就是要遏制房地产金融泡沫化，确保房地产金融安全，同时也是确保整个金融安全。经过一系列的调控，2020 年 10 月 22 日，银保监会副主席梁涛说，威胁金融安全的"灰犀牛"得到控制，前三季度新增房地产贷款占全部新增贷款比重，较上年同期下降 3.7 个百分点。

房地产金融审慎管理制度是房地产长效机制的重要内容，房地产长效机制的内容是什么并没有正式公布，但我们从 2020 年 7 月 24 日召开的房地产工作座谈会可以总结出来。指导原则是，房子是用来住的，不是用来炒的（媒体报道普遍简称为"房住不炒"），不将房地产作为短期刺激经济的手段。

具体内容包括以下几方面：第一，城市政府承担房地产调控的主体责任。城市政府一般都会联合当地的金融机构进行一系列的监控，也就是限购、限售、限贷、限价等一城一策的实施主体，而且实施过程中发现问题要快速反应和处置。第二，实施房地产金融审慎管理制度，主要内容就是稳住存量、严控增量，防止资金违规流入房地产市场。第三，建立市场监测体系。商品房价格和成交的动态监测体系大概率已经建立并实施，应该是在原来的房地产预警系统基础上完善的。下一步要抓紧建立住宅用地市场监测指标体系，定期公开各地土地储备和已出让土地建设进展情况。第四，用财税政策调节住房需求。财税政策是历次调控都使用的手段，但 2020 年没有提及。第五，房地产市场整治，不时会公布一批违法违规名单，以经纪机构为主。第六，住房保障工作，包括棚户区改造、公租房建设、人才房等。

刚才我们说到了"房住不炒"，这个说法是什么时候提出来的呢？是 2016 年 12 月召开的中央经济工作会议第一次提出来的，随后几年中央的重要会议总是会重申。2016 年 10 月开启了一轮新的房地产调控，持续至今，且短期内没有看到退出的可能。有意思的是，暂且不提 1992～1993 年引发经济过热的那一次房地产热，只讲房地产进入黄金时代以来的这十七八年，房地产一直是在调控中发展。

二、持续调控下的房地产市场

我常说"房地产是观察这个社会最好的窗口"，可以说没有哪个产业能像房地产一样对国民生活和国民经济的影响这么深、这么广。我们看新闻经常会看到，每个重要的贪官被抓起来，基本上都会涉及房产，因为房产凝聚了大额资产，是财富变现和隐藏最好的方法。

2003 年国务院 18 号文件明确提出房地产是国民经济支柱产业。早年有个说法，它直接间接拉动 GDP 可达 2～2.5 个百分点。这几年房地产增长放缓了，但拉动一个多百分点是没问题的。整个房地产可以拉动几十个产业链，也就是带动产业链一起增长，从而带动经济增长，带动就业。

我们再看土地财政。2020 年 1～9 月，全国一般公共预算收入 141 002 亿元，同比下降 6.4%。但是，与房地产相关的，契税 5 168 亿元，是同比增长 7.7%；卖地收入 49 360 亿元，同比增长 10.3%。其实 2020 年要求财税减税，银行要降低利润，整个的预算情况和收入情况都是不理想的，是下滑的，但是卖地收入还增长了 10%，这个反差很大。所以土地财政对很多城市都非常重要，离开了土地收入，很多城市的财政是非常紧张的。

还有就是房地产信贷与投资。过去 10 多年，房地产信贷增量与整个信贷之比、房地产投资与固定资产投资之比，均围绕 25% 波动。2020 年 1～9 月，全国固定资产投资增幅只有 0.8%，而房地产投资增幅是 5.6%。所以说房地产投资对整个经济拉动在 2020 年前三季度还是重大的。

对于货币超发这个问题，其实很多年前一些国际上的经济学家就发现中国的货币是一个谜，他们把它上升为"中国之谜"。他们认为在过去的 20 年，中国存在一个货币超发的现象。货币学派有个理论，钱多了，物价一定上涨；但过去 30 年，尤其是 2003 年以来，我国的物价涨幅相当温和。那么超发的货币哪里去了？房地产就是最重要的货币蓄水池。货币沉淀到了房地产的钢筋水泥中，没有流入日常生活中去，导致的结果就是房价在不断上涨。

房地产这么重要，怎么证明？最重要的两个例子就是 1998 年和 2008 年。1998 年是中国房地产市场最重要的一个年份，因为当时国务院发布了 23 号文，取消住房实物分配，逐步实行住房分配货币化，也就是说房地产是可以买卖的，不再由单位分配。所以那一年就实行了这样一个房改，允许住房商品化，政府会给一些补贴，后来补贴越来越少，最后取消了补贴，完全商品化。这是房改最重要的一招，用房地产去救经济，因为当时亚洲经济危机对经济的影响是非常大的，所以国家通过激活住房消费来拉动经济增长，找到了一个非常重要的消费热点和投资热点，很快就稳住了经济，这是非常重要的一个举措。

然后就是 2008 年国际金融危机。当时应对金融危机的措施，一个是出台 4 万亿救市政策，另外一个就是刺激房地产，再次把住房消费拉到了重要位置，出台一系列财税政策、土地政策来刺激和鼓励住房消费，我们可以说是全世界最先走出危机的经济体，房地产在其中充当了非常重要的角色。最近的一次就是 2015 年 3 月和 2016 年 2 月，那个时候也是有一轮刺激的，是房地产信贷政策新一轮放松。

　　有救市就有调控。2003 年以来，房地产市场离不开的一个关键词是：调控。因为房地产市场化所带来的一个最重要的表现就是房价上涨，而房价上涨对老百姓的影响是非常大的，尤其是对刚刚参加工作的年轻人。首先就是长三角，我印象最深的是上海，当时上海为了刺激住房消费，可以用个税抵扣房贷，这个刺激应该是我听到过的所有刺激手段中最直接的，也是最有效的。但没多久就停了，因为后来房价就涨了。先是上海，紧接着是温州、宁波、杭州这几个城市全面上涨。

　　房价上涨带来的第一波调控就是从上海和温州开始，然后宁波、杭州、长三角开始调控。那时房价好像有传导效应，长三角涨，北京、深圳也开始上涨，然后就进行全国性的调控。当时的调控跟现在不一样，是住建部、央行、国土局等多部门联合发文进行全国性的调控。一直调，年年调，基本上每年都会有一个文件。2016 年 10 月以来的这一轮调控是最严厉的，所有手段都在用，限购、限贷、限售、限价，但大量三四线城市没有限购。虽然这一次调控相当严厉，但 2017～2018 年上半年，房地产仍然创下量价新高，房地产上市公司还收获了史上最好的业绩财报。

　　我们经常会听到一个说法，为什么越调控房价越涨？会有争论，其实不是越调越涨，而是说边调边涨，我比较认可的一个说法是，如果不调控，恐怕会涨得更快、更高。调控在一定程度上拉住了房价，让它涨得没那么快。

　　房地产的调整一方面当然是政策压制的结果，因为这么强烈的调控叠加到一定阶段就会有效果。再加上任何行业发展到一个阶段，它自身都有一个衰竭的过程。所以楼市到了 2018 年年中开始调整，一直持续到现在。现在来看，除了少数的区域、城市还有比较大的压力，但总体来看还是相对稳定的。

　　以前也有过调整下跌，比如 2008 年和 2010 年，但都很短暂。这次的楼市调整时间之长是 2003 年以来所没有见过的。像北京等城市的二手房，2018 年第二季度开始缓慢下跌，到 2020 年 5 月才止跌。在未来可见的一段时间内，中央都会把房地产调控作为一个长效机制，持续下去。所以哪个城市的房价如果出现了上涨的迹象，中央都会及时以约谈、座谈等方式进行指导。

　　我们回顾了近十几年的调控，可以说是边调边涨，但我们终于找到了一个比较好的调控手段，实行一城一策，并且对房地产金融进行管控，基本上把大面积的房价压住了，"灰犀牛"可以说是遏制住了。管控住了房地产金融，就是化解了威胁金融安全的最大的一个危险点。

我们刚才最开始讲到了恒大等一些房地产的头部企业，为什么中央要针对它们出台"三道红线"的政策？就是从单点管住这些重点房企。因为行业虽然很大，但对行业影响最大、对房地产金融影响最大的也就是这些头部房企，100名以外的企业即使发生危险也影响不大，所以盯住重点房企是一个比较好的办法。

深圳房价的上涨有一些特殊的原因，基本上是不可复制的，是因为它外来人口的净流入太大，需求特别旺盛，城市有活力，企业在创新，高收入人群占比也比较高，所以房价很难控制。我个人建议是应该给深圳拓宽行政区域，否则按它现有的国土空间是不足以解决房价问题的。因为限制人口流入也不太现实，深圳这个城市的活力很大一部分就是源自人才创新，没有人才创新，这个城市的活力就会下降，它的吸引力就会下降。人就是生产力，人口净流入是可以促进城市经济增长的。北京在以前不那么严厉的限制户口的情况下，好多年都是人口净增长十多万，带来的房价压力很大。但是这两年像北京这样的城市为什么能够控制房价？我觉得一个重要的原因就是人口的增长放缓了，甚至已经是负增长了，当然这是有利有弊的，但是它对于房地产的影响是比较直接的。以上就是一些城市的情况。

总结来看，在2018年6月之前，我们国家的房价为什么一直在上涨？虽然中间有小幅的、短时的调整，但是从长时段来看，长达15年的时间都是以45度角的趋势在上升，而且有些年份涨得非常迅猛，有时甚至一周一个价。那么国家有没有在行动呢？刚才讲到了，国家一直在调控，但这么大一个行业，一个手段、两个手段都不管用，而且都是在摸索的过程中。调了很多年，效果肯定是有，但是一直没有从根上进行治理。此外，我个人认为还有一个原因是，房子原来是福利分房，不是商品房，它的价值就会被掩盖。然后1998年分房取消，房子成为商品，可以流通，可以买卖，它的商品属性发挥出来，价值就必然要体现，体现出来就要释放。作为每个家庭中价值最高的一个商品，如果要释放出来，带来的压力是很大的，所以它带来的价值再发现持续了这么多年。

总结一下房价上涨的几个重要的因素。第一，宽松货币。货币注入必然会带来物价的上涨，货币凝聚在房地产里房价必然就会上涨。我觉得这是一个双向的关系，一个是货币本身它要推动物价上涨，同时反向来看，房地产也需要吸纳这么多的货币。

第二，土地招拍挂制度。当时国土资源部为了证明不是地价推动房价，就解释说开发商就是因为认为这块地会升值，觉得划得来才会买，谁也不会做亏本买卖，是房价预期拉动地价上涨，这个解释在逻辑上是成立的。但实际上从客观来说，地价是一个刚性成本，在2003年推出招拍挂制度以后，2004年国土资源部、监察部联合发布通知，俗称"831大限"，从此以后土地不允许划拨了，而是公开出让，价高者得，地价就越来越高，所以房价就越来越高。所以这也是一个双向关系，地价作为刚性成本必然会带来房价上涨的压力。反过来开发商愿意去拿这块地，就是因为它预期的房价会比当前高，所以预期的房价拉动了地价上涨，也是成立的。

第三，刚性需求。新增人口、新分户家庭、拆迁都会带来基本住房需求。人口净流入城市房价一般都是上涨的，如刚才讲到的深圳，就是新增人口带来了住房需求，中国人大部分还是愿意买房而不是租房的。刚性需求会带来房价上涨。

第四，资产配置。中产以上的阶层现在都会考虑资产的配置，要么是买一些理财产品，要么做一些保险投资，当然不动产投资是首选。在收入更高的所谓的超高收入人群，是在全球配置资产，所以会出现海外购房现象。

第五，投资投机需求。买房作为一个投资来讲收益是很大的。我们看到一个非常奇怪的现象，就是身边很多朋友买了好多套房，当时不限购，最早一批买房的人的收益很高，导致它带来了群体效应。早年有一个特殊的城市是温州，当时叫作"温州炒房团"，他们真的是非常敏锐的一个群体，最早房地产市场化的时候，很多城市都没有预料到房价会大幅上涨，只有他们察觉到了，进行群体性大规模的买入。

第六，税收制度。其实税收是比较松的，卖房的所得全归个人，虽然说有个人所得税、增值税等，但实际上这些税都转嫁到了买方身上，买方要承担所有税收，这是造成的炒房几乎零风险的原因。但是国家也不是有意制定的这种税收制度，是预期房价上涨带来的影响。这是房地产上升期带来的一个现象，也就是高收益和低风险。

第七，住房保障缺位。虽然说1998年的23号文件里提到一个非常重要的保障措施，就是建设大比例的经济适用房。但我们的经济适用房建了几年就不了了之，很多城市都不愿意建，因为确实政府要花很多钱去建，政府不能获得收入，还要搭上土地，所以没有动力来做这件事。经济适用房以及随后的限价房、公租房等保障性住房从来没有占据过市场重要份额。只有这几年政府抓得比较紧，要求保障性住房占比要达到一定的比例。

以上就是我梳理的过去十几年房价上涨的一些主要的因素，大背景是房子作为商品的价值发现，主导因素就是刚才说的这七点。回到2016年10月份，在新一轮的调控中，我们终于找到了一个比较有效的调控手段，终于把房地产制度进行了重构。

第一，改革土地制度。以前是纯粹的价高者得，必然是高地价，高地价必然刚性推动房价上涨。现在则有各种手段，比如土地限价，应该这是北京市首创的一个创新制度，限房价，竞地价。很多城市就模仿这个制度，土地出让时普遍设定最高价。

第二，允许集体建设用地入市流通，也就是增加土地供应渠道。现在《土地管理法》修改了，不再只有国有土地一个渠道了，现在正在试行在集体土地上建公租房用来出租。从《土地管理法》修改以后基本上没有障碍了，唯一的障碍就是集体土地的所有权理论上还是属于集体组织的，所以现在还是以公租房为主。

第三，租购并举。过去建了房子只能用来卖，现在也可以租赁住房。2017年以来国务院发很多文件发展租赁住房，包括长租公寓。租房以前就是二手房，你和二手房业主来谈，或者通过中介来谈。现在政府提供一部分公共租赁房，比如像深圳就是从开发商或农民手中收购，提供政府定价的租赁住房。还有就是自如、万科等机构做的长租公寓，配套设施比较完善，服务比较好，但房租也相对较高。但现在长租公寓发展遇到了障碍，还没有找到比较好的盈利模式，因为长租公寓的成本比较高，政府管控又很严，长租公寓机构经营遇到比较大的问题，未来怎么管理，政府也需要考虑一个比较好的方式。

第四，改革房地产税收制度。房地产税主要的立法原则是在持有环节，比如你们家有三套房，第一套房免税，第二套象征性收一点，第三套按人均面积来收，这就是房地产税征收最重要的一个办法。

第五，住房保障制度。刚才讲了，包括公租房、共有产权住房等，这一块就是解决基本的住房问题，不至于让大家没有房子住，这是对国民的一个基本保障。

第六，房地产长效机制。包括房住不炒；限购、限价、限贷、限售；通过"三道红线"限制融资，控制房企负债；主管部门和地方政府及时监控市场随时出手调控等。

这就是制度的重构过程，整个房地产制度的重构、房地产的调控、长效机制的建立，基本上由中央主要领导亲自指挥、亲自督促。房地产经过这么多年的摸索，尤其是近两年来措施的完善，正在迎来2003年以来最平稳的一段发展时期，万科的董事会主席郁亮说房地产正在回归"普通行业"，我之前说的是回归"正常行业"。因为房地产其实名声不太好，多年前就说它是暴利，但是从利润率来说，它越来越回归正常，已经不叫暴利了，基本上算是中等偏上，比制造业高一些，如果继续维持调控，未来应该会成为一个普通行业。

我个人觉得从就业的角度看，房地产行业应该还是有一定发展空间的，虽然说不像过去十几年楼市黄金时期收入那么高、发展那么快，但比大多数行业要高，10年内是一个持续发展的行业，因为需求量还是很大。尤其是房地产的相关产业很多，上游的土地、融资等，中下游的服务行业不光有物业，还有衍生的小区电商、配送等，附加价值越来越高，因为它服务的是中端人群，谁掌握了终端谁就获得了更大的议价空间。

我们在回顾行业的发展过程中提到了房地产金融，为什么这么多钱都流到了房地产？因为钱是最聪明的，它一定是流向利润高的行业，而房地产是过去十几年间利润最高的行业之一，所以房地产金融带来的回报很高。未来围绕房地产相关的金融服务业，我觉得也是一个比较好的选择方向，从行业衍生来说。

三、房地产报道方法论

房地产报道其实跟其他行业报道没有太大的区别，因为房地产是拉动经济的一个最重要的动力，房价跟所有的公民、所有的家庭都息息相关。所以自从房地产市场化以来，所有媒体基本上都会把房地产报道作为最重要报道之一，好多媒体还开设了专刊专栏。房地产报道更多的是对上市公司的报道，尤其头部企业是报道的常客。报道的关注点通常是政策新闻、收并购、投资、融资、知名地产商的观点、高管人事变动等。从报道形式来看，也与其他行业基本相同，包括快讯、动态新闻、深度报道等。

现在都说最重要的是渠道，房地产中也是渠道为王，当然房地产开发领域的渠道是指销售，比如说有一个中介叫作链家，在链家基础上衍生了一个平台叫贝壳，在美国上市了，它的估值比头部的房企都要高得多。为什么？因为掌握了渠道。它的渠道网络布局十分庞大，掌握的客群也最完整，拥有大量一手的买卖信息，这是房地产领域的渠道导致的估值重构。

另外就是媒体的渠道，包括纸质媒体、商业网站、新闻客户端这些比较传统的渠道，还有一些如今日头条、趣头条、快手、抖音等新兴平台。虽然平台这么多，但有一点是明确的，就是对优质内容与权威平台的需求一直都存在，在财经领域对优质财经资讯、深度财经内容的需求一直都在。因为推送的很多都是非有效信息，你真正需要的、优质的、权威的信息还是需要自己去找。

中央最近发了一个文件来推进权威媒体融合，因为国家的发展对媒体融合的需求是很大的。媒体融合就是除了原来的纸质媒体之外，还会有 App、官方微博、微信公号、视频号矩阵等，这些现在基本上都是各家媒体的标配了。但是真正市场化的、做得比较好的媒体平台非常缺乏，最多的当然是各类自媒体，尤其是行业垂直领域的自媒体，除了少数的影视、娱乐、生活大号，比较多的就是房地产、科技和汽车。自媒体一般是一个小团队来做，要不断地更新，要有很好的优质内容输出，收入也不错，但是确实比较辛苦，一方面要服务客户，另一方面要不断地分析，防止粉丝流失。另外还有一定风险，稍不注意就会被关停，因为有些自媒体为了生存，为了获得更好的收入总是踩红线，比如道听途说、信源不核实等，也带来了一定的监管压力。

财经领域的财经资讯、财经金融需要很多优秀人才，但是同学们也未必一定要做这个领域，因为我们刚才讲的房地产相关的一些领域，其实也是非常不错的一个从业选择，也很有前途。做了这么多年媒体，我自己有一个痛感，就是虽然现在也有一批优秀的媒体人在做，但是真正优秀的财经新闻报道、深度的报道还是供应不足，跟我们的需求差距很大。这一块可能还是需要年轻人来做，包括加入新的报道形式，适应当下的阅读需求。

我今天就讲这些，谢谢大家！

调查报道的特殊性与原则

高　昱　财新传媒常务副主编

很高兴来到清华和大家进行交流，我今天要讲的内容是调查报道。调查报道在中国是一个在一步一步成长的新闻种类，中国一代一代的新闻人也是在学习和工作中不断提升自己的调查报道能力，去建立健全调查报道的一些工作原则。

一、什么是调查报道

调查报道在中国是一个新的报道门类，我们做具体业务的新闻工作者，或许从来没想过什么叫调查性报道。上学的时候，我们老师不管是教新闻写作、新闻采访的还是教新闻编辑的，他们经常说的一句话是"新闻无学"。实际上这是一个悲伤的调侃。新闻行业有很多概念是模糊不清的，尤其是在中国，比如什么算失实报道，什么是新闻抄袭，自媒体是不是媒体；还比如，《著作权法》规定时事新闻不受著作权保护，哪些新闻报道属于时事新闻谁都可以直接拷贝，哪些新闻报道你不注明引用就是抄袭？这些问题，新闻工作者、法律工作者、监管者的看法都不一样，10个新闻学教授也有11种说法，甚至很多概念，新闻理论研究者下定义的资格都被剥夺了。所以我上新闻学院时的教授们干脆告诉我们，新闻是一门经验型的实践型的学科，没有太多理论性的东西。这当然只是一家之言。

那什么是调查报道，或者说我们能不能给它一个基本的描述？在中国过去长期的新闻实践中，是没有调查报道的；而在有限的能够回溯的调查报道历史中，我们新闻从业人员也在不断一点点地提升调查报道的手段、工具，逐渐摸索和借鉴一些从业规范。我在网上检索了一下，比较有代表性的定义有三个：

定义1：调查性报道又称揭丑报道或揭黑报道，它是西方国家报刊上的一种特殊报道形式，专门用来揭露社会阴暗面、政府里的黑幕、大企业的罪恶勾当以及黑社会的内幕等。

定义2：报道者通过自己较长期而完整的亲自积累、观察与最详尽的调查研究，对某一或某类社会事实或社会现象所进行的深入、系统的报道。调查性报道是深度报道的一种。

定义3：调查性报道旨在曝光不为人知的重大社会问题，这些社会问题或者是被位高权重的人物刻意隐藏，或者是淹没在错综复杂的背景和事实之中，显得模糊不清，因此做调查性报道既要挖掘隐秘的信息，也要利用公开的资料。

前两个定义来自百度百科，定义3来自联合国教科文组织一本关于调查报道的手册。它们都讲到了调查报道的某一面，对于我们具体实践者来讲，更关注的是调查报道的一些关键点，我试着总结了几条：

第一，它是一种以披露真相为目的的深度报道，通常会涉及不为人知但应为人知的秘密。

第二，报道对象（人物、公司、事件、现象）不管是否有较大知名度、影响力和关注度，均涉及公共利益。

第三，其价值在于满足公众对重大问题的知情权，从而帮助公众监督政府及公职人员、国企及上市公司，以及其他涉及公共利益的权势者。

第四，从工作方式方法上，需要对事实进行系统的了解与反复核实。从采访上要进行系统的了解和反复的核实，从写作上要尽可能的审慎和平衡，用事实说话。

第五，调查报道往往成本高昂，并有较高风险。

也就是说，首先，调查报道的内容是披露事实真相的，但并非所有事实真相我们都要做调查报道，这个事实真相必须涉及重要的公共利益，不管它涉及的人知名不知名。所以，调查报道常常是揭露政治权力与商业权力违法问题的，这些问题和事实涉及公共利益、为公众所关心而又为一些人或组织极力掩盖。所以人们有时候管调查报道叫"揭丑"报道或者"扒粪"报道。

其次，调查报道的价值所在，是为了满足公众对重大问题的知情权，从而帮助公众进行监督。大家都知道西方管新闻媒体叫 Watch Dog，调查报道有时候也被称为 Watchdog News。

再次，调查报道之所以叫调查，是要在采访上对事实进行系统了解和反复核实，在写作上也要尽可能平衡和客观，用事实说话而不是夹叙夹议、主题先行。这是我们对调查报道工作方式的要求，它有一系列工作原则，我在下面会讲到。

最后，调查报道是新闻中的"王冠"，这不仅是因为它的影响力，也是因为它要付出的高昂成本。调查报道大多需要较长时间，因为采访难度大、范围广，很多时候需要几个月。我们做"周永康案"系列报道，在周永康被宣布落马后第一时间拿出六万多字的《周永康的红与黑》，但其实之前是经历了一整年时间的采访写作，读者看了《周永康的红与黑》就会知道我们做了多么细致的采访，去了多少地方，找了多少人，查阅了多少工商资料——那个时候还没有企业信用网，更没有天眼查、启信宝这些 App。

调查报道需要付出足够多的精力和成本。很多时候，成本确实决定了报道能否拿到真材实料。少林寺方丈释永信被他的徒弟举报事件，我们记者在少林寺前后住了两个月时间，每天到寺里去，采访了十多位少林僧人，泡在少林寺图书馆看遍了他们的内刊，尤其是研读了释永信每期在内刊发的文章和他历年的两会提案，最后才获得与释永信深谈的机会。我们很多报道稿子要来回修改七八次，反复补充内容，这其中的人力、物力和时间投入都是巨大的。你算算一两个月一个记者的差旅费大概是多少钱？但文章出来之后并不一定带来直接的收入，因为这种调查报道都是负面报道，所以不会有人给你做广告，甚至很多广告商会要求自己的广告不要出现在有调查报道的这期杂志上。而且调查记者永远是单位里工资最高的，不仅因为他们常常是水平最高、经验最为丰富的记者，而且因为工作性质决定了他们一年可能就写五六篇报道，他们不跑条线，没有日常的稿费收入，一些新闻机构对专职做调查报道的记者采取年薪制也是这个道理。调查报道不是一个能够带来直接收益的工作，但最重要的是它能够给媒体带来比较大的声望。

我们经常讲你这个文章是成本不足的，意思是一看文章就知道你采访不够，或者你没去现场采访，也没有花足够多的时间去搜集、整理和研究能找到的公开资料。真正的调查报道，即使文章里面没有具名，但你能写出来的信息一定是有诸多信源的，不仅要有言词证据，还要有足够多的实物证据。

调查报道当然要很重视采访，但采访有时候并不是最重要的，因为采访得来的大多是言词证据。言词证据，或者说我们常说的证人证言、口供，是指以人的陈述为形式的证据，它的优点是生动、形象、具体，但缺点也很致命，就是主观性比较强，也不稳定，有些传来证据可靠性更差，所谓传来证据就是他不是当事人，他的信息是听别人讲的。言词证据的形成一般要经过感知、记忆、陈述三个阶段，每个阶段都可能会因各种因素的影响而出现失真，尤其你采访的当事人有直接的利害关系，他们事实的陈述很可能是选择性的甚至是虚假的。所以在法律上仅仅靠一个人的口供是不足以定罪的，还需要多方核实、交叉询问甚至当面质证，更需要找到实物证据，在法律上需要构成一个完整的证据链才能够去定罪。言词证据和实物证据在调查报道中的使用和在法律中的使用是一样的，调查报道大多报道的是高冲突性、高对抗性的事件，涉及重大公共利益，可能会导致一些人利益受到巨大的伤害，进监狱或者名誉受损；我们采访获得的信息，需要三个以上独立有效性源的交叉验证，很多时候将言词证据当作一个线索，再去寻找更有力的实物证据，如物证、书证等。我希望大家有时间去看一看中国裁判文书网，看一看在里面对于举证、质证和事实经过认定的一些规范。

有时候大家会把调查报道叫作特稿，其实两者是有一定差别的。特稿有广义和狭义两种，广义的特稿囊括了所有的深度报道，所以说调查报道是特稿其实也没错；但狭义的特稿在行业中是特指非虚构写作，比较注重文本，用讲述故事的方式去报道，调查报道不属于这类。调查报道更注重的是呈现事实证据，而不是讲一个关于什么的故事，也许采访的过程比较类似，但从写作上，调查报道强调冷冰冰的客观呈现，而特稿则更具感染性。特稿的方式是基于对事实和细节的充分占有，然后再根据我的总结和判断从不同角度构建一篇文章，但是如果没有掌握核心证据的时候，就不应该用特稿的写法，尤其是高冲突性、高对抗性的选题，一定要无比小心。

最后还要着重谈一下调查报道的伦理问题。我们去判断一个文章是不是调查报道，第一核心点就是它的内容是否披露了人们应知而未知的事实真相。那么一些同样是披露事实真相的文章算不算调查报道，比如说狗仔队拍艺人的感情情况？显然不是，因为它不关乎公共利益，他报道的是公众人物，但公众人物的行为并不一定会影响公共利益。但是调查报道同样面临维护公众知情权和保护个人隐私的权衡。歌星是公众人物，他的个人隐私会成为公众关心的事情，他的隐私权在成为公众人物的同时会有一定程度的让渡，但他仍然拥有隐私权。也就是说尊重隐私权的严格顺序是普通人－公众人物－公职人员，公职人员享用公民税收供养，且通常掌握了较大的公权力，因此其个人经济状况、人际关系甚至私域道德都需要经受更多的大众检视。

这其中的度如何把握？我讲一个例子或许有助于大家理解。我们曾经报道香港民政事务局前局长何志平涉嫌贿赂非洲高官在美被捕的事情。何志平原来是香港特区政府的一名公职人员，退休后被聘任为中国能源基金会秘书长，这个基金会是一个名为中国华信能源的公司成立的，而中国华信号称是中国最大的民营能源公司，董事局主席叫叶简明，叶简明聘请何志平打理这个中国能源基金会，其实是利用他的关系资源为中国华信做国内外的政府公关事务。何志平涉嫌贿赂了西非几个国家的总统、外交部部长，以帮助华信公司在西非获得油田项目，结果贿金通过美国银行系统转账时被发现。

何志平在香港有些名气，还当过全国政协委员，这事也足够大，但他在内地基本无人知晓。而他的夫人却无比有名，是跟林青霞齐名的港台明星，甚至获得过大陆的金鸡百花电影奖。那么，我们要不要在报道中点出他妻子的名字，甚至在标题中写"某某某丈夫涉贿非洲总统在美被捕"？如果点出来的话，它至少会让我们点击量增加 10 倍。我们经过内部的讨论，最后没有把这个信息写出来。不写就是因为他虽然是一名前公职人员，但现在已经退休了，他虽然涉及重大刑案，但不是以公职人员身份涉及的；而且，没有证据证明他涉嫌的违法行为跟他妻子有任何关系，他的妻子虽然是著名影星，是公众人物，但并没有和何志平从事的贿赂行为有直接的参与、合作关系，那就需要根据无罪推定原则判断她是无辜的，我们需要保护她的隐私权。因此，我们可以报道何志平，但是他的妻子是谁，就不是我们认为应为人知的秘密。不过香港媒体后来毫不客气地把他妻子的名字写出来，这位女明星自己发了公开信，到这个时候我们再写她的名字就没问题了，因为已经属于公开信息了。

二、1949 年后中国调查报道的三次高潮期

调查报道在 1949 年之后的中国的发展，我个人把它分成三个阶段，或者说三个高潮期。

1949 年之前中国也是有调查报道的，比如说像《大公报》1942 年关于河南大饥荒的报道。1949 年后，媒体在体制内的组织架构里属于一个宣传机构，有非常明确和重要的意识形态意义，记者都是宣传干部，他很难有机会做负面调查报道，即使参与其中也只是写内参，类似于写调研报告，而不是按照新闻报道文体撰写，也不是给公众看的。因此 1949 年之后中国在很长的时间其实是没有调查报道的，一直到"文革"之后，《人妖之间》《第二种忠诚》等报告文学出现。《人妖之间》是讲黑龙江一个县燃料公司的经理如何利用她的权力设立小金库，再把小金库里的钱用于行贿，行贿的目的是获得更多的煤。这是"文革"之后或者新中国成立之后非常著名的一篇反腐纪实，但是这类文章没有一篇是发表在媒体上的，而是全部发表在《人民文学》这类文学刊物上，当时把这类文章统一称为报告文学，涉及批评性或者揭露性的报告文学则又被称为"暴露文学"。

报告文学不是新中国成立之后才有的文体，夏衍的《包身工》也属于报告文学。它其实是一个不严谨的概念，早期是从通信发展起来的，但归属于文

学类而不是新闻类，这相当于把这些基于真实事件、有真人真名的文章理解为一种文学创作了。以现在的眼光看，这些纪实性文学作品确实属于文学创作，因为很多是主题先行，而且带着作者明显的对报道对象的主观感受，缺少平衡感。从现在角度来讲，像《人妖之间》这样的文章如果作为新闻报道可能是不合格的，但是在那个特定的历史阶段里它引起了整个国家的轰动，它是最早报道党内不正之风、权钱交易问题的。

在整个 20 世纪 80 年代，报告文学都是非常流行的一种文体，出了很多事件、人物、社会问题性的报告文学，比较著名的还有对海灯法师和马家军的调查，但进入 20 世纪 90 年代后就势微了。作家的调查和写作方式跟记者是不一样的，作家通常会用自己的语言去叙述事实，根据自己的逻辑描写一个人物，描写一个场景，还夹叙夹议，指点江山，甚至有的报告文学可以通过自己的想象去写一些对话和人物心理活动，很显然这些心理活动我们是无法知道的。因此这种文体不够严谨，经常面临很大的法律风险。

第二次高潮自 1994 年中央电视台《焦点访谈》的播出，以及朱镕基总理视察并题词而出现，20 世纪 90 年代的调查报道被赋予了一个"舆论监督"的体制内名分，获得了官方某种程度的认可，从而获得一个"小阳春"。当然那个时候的舆论监督报道也遇到一些问题，《焦点访谈》是中央电视台新闻评论部的一个节目，但它一个很重要的广告语叫"用事实说话"，这是个有点荒诞的组合。我们现在大部分新闻工作者的共识认为，新闻评论和新闻调查是不应该混在一起的，在一篇报道里通过完整而客观的方式呈现事实，要尽可能去除写作者个人的感受，站在一个零度角去把涉事各方对于事实的叙述报道出来，你的工作是呈现而不是评论，如果你觉得对这个事情有话想说，你可以单独写一篇评论。但在 90 年代引起轰动的《焦点访谈》恰恰是一个既报道又评论的方式，掀起了整个新闻界的舆论监督热潮。

在第二次高潮期，《焦点访谈》是体制内调查报道的一杆旗帜，彼时市场化媒体的旗帜是《南方周末》。《南方周末》的新闻调查通常不会涉及对腐败官员非常直接的披露，但他们往往能讲很真实的小人物故事，这些真实故事基本会涉及一系列社会阴暗面，尤其是公权力对私权利的侵害，所以他们在

20世纪90年代形成了一纸风行天下的格局。《南方周末》创办于20世纪80年代，它在90年代后期取得巨大成功，有着天时地利人和的原因。所谓天时，与三个大的趋势有关。其一就是《焦点访谈》开创的舆论监督给了调查报道一个政治空间。其二，1996年是中国新闻传媒业市场化改革的起点，《南方周末》抓住了中国新闻媒体的体制松绑和有限市场化的契机。这一年的中共十四届六中全会上通过了《关于加强社会主义精神文明建设若干重要问题的决议》，对文化体制的市场化改革进行了战略规划，其中之一是发挥市场机制的积极作用，鼓励社会参与兴办文化事业，一大批市场化媒体得以涌现。在那之前，中国所有的新闻媒体都属于各级党和政府的下属机构，编辑记者都是党和政府的宣传干部，拿着国家财政发的工资。但是当年羸弱的财政无法支撑新闻出版事业的生存发展，僵化的干部体制也不可能使新闻媒体在监督公权力方面有任何作为。出于卸财政包袱的目的，1996年后，一批企业，包括国有企业和私营企业，通过承包广告经营、与媒体机构合资组建经营性公司等方式，对上千家新闻媒体机构进行了程度不同的市场化改造。这类媒体机构，一部分是各级党报的下属子报，一部分原属于国家部委或者研究机构，他们不再获得财政拨款，收入主要依靠广告和发行盈利，员工也来自外部招聘，这类媒体被称为市场化媒体。《南方周末》作为广东省委机关报《南方日报》的一份子报，虽然没有外部投资方，但它的经营和人力是市场化的。第三个大的趋势是互联网在中国的兴起和快速普及。与国外同行不同，中国新闻媒体的市场化与互联网数字化浪潮几乎是同时启动的，互联网迅猛普及带来的信息革命，极大便利了新闻媒体业的内容生产、渠道传播和影响力放大，生产者、消费者与新闻产品之间的时间空间距离与交易成本大为压缩，反过来加速和丰富了新闻媒体机构的市场化进程，最重要的是好的调查报道打破了纸介的限制，通过互联网获得了快速而广泛的传播，影响力倍增。至于地利和人和，《南方周末》所在地广东相对开放，政府的改革和服务意识更强，而1996年开始掌管《南方周末》的总编辑江艺平培养和团结了一批有社会抱负、有新闻理想的编辑记者，这也是这份报纸得以成功的重要因素。

《南方周末》的另一个重要贡献是它开枝散叶，在全国各地催生了《南方都市报》《新京报》《外滩画报》《云南信息报》等一批带有《南方周末》血脉的都市媒体，这些媒体在不同时期都奉献过优秀的调查报道和突发报道，后来人们把这种薪火相传的媒体群统称为"南方系"。一直到2003年《南方都市报》报道孙志刚事件，推动了收容遣送制度在中国的废除。这轮调查报道的高潮期在2005年、2006年走到了尽头，2007年1月胡舒立团队操作的《谁的鲁能？》，是第二次高潮期的余音之作。

第三次高潮期是反腐报道。以党的十八大之后的反腐为契机，中国媒体界获得了针对高官腐败报道的窗口，财新传媒在这一阶段推出了《周永康的红与黑》《令氏兄弟》《山西贪官录》《权力猎手郭文贵》等一系列大制作，是这一轮调查报道高潮期的代表。这轮高压反腐涉及面广、打击力度大，自周永康等人落马，对官场造成巨大震动，当时没有人知道接下来又会有谁栽倒在反腐脚下，媒体的某些报道也常常被认为背后代表着某种信号，这种忌惮给了媒体界一些狭小的机会。当然，随着反腐阶段化胜利，窗口基本关闭了，第三次高潮期很快就结束了。但是第三次高潮期对新闻界来讲有很大的进步，跟前两个时期中的报告文学以及舆论监督相比，我们的新闻工具、新闻手段和对调查报道的认识都有了很大的提升，业界对新闻专业主义达成了很多共识。当然，这些提升是站在巨人的肩膀上获得的，包括对前两个阶段前辈经验教训的学习，也包括对国外调查报道同行相关新闻规范和实践的借鉴。

三、调查报道的现实困境

今天，新闻界正面临挑战，尤其是中国这批刚刚取得经济自立的市场化新闻媒体，遭遇了全球性的行业颠覆。从2011年开始，智能手机的出货量第一次超过了功能手机，微博开始进入到一个爆发期，而微信在同一年上线，一般把这一年作为中国互联网进入移动互联时代的元年。对传媒行业来讲，2011年也是里程碑式的一年，传统纸媒的广告收入这一年达到最高峰，从第二年开始，互联网的广告收入首次超过了传统纸媒。所以我们说2011～2012年是中国媒体行业一个具有颠覆性的起点，以数字技术为核心的网络新媒体——尤其是移动社交媒体的兴起与快速普及，对中国的传媒行业进行了翻天覆地的冲击，不仅极大改变了媒体的内容生产与传播方式，改变了消费者的阅读习惯与使用场景，媒体行业的传统商业模式亦遭到外部颠覆，广告收入在过去很长一段时间内大概占总体收入的 70%，2011 年之后广告收入从最高峰走下坡路，到 2015 年中国大概已经有 1/3 的都市报开始亏损。

对传统媒体来说，无论是生产者还是消费者，无论是产品介质还是盈利方式，甚至传统媒体的竞争对手都发生了根本性改变。但最大的考验不仅来自外部，今天我们看到新闻正在发生几点变化：新闻越来越快，热度维持时间越来越短，以前我们新闻都是按周报走，现在基本不能超过三天，任何一个新闻，两三天之后头条就已经被别人抢走；新闻越来越多，做新闻的媒体越来越少，在社交媒体中每个人都是自媒体，但做新闻的媒体却越来越少，去做调查、去做增量信息的媒体越来越少，大量内容都是根据已有的信息再加上个人对于事实的想法，自己写一些所谓的观点，通过自媒体、公众号传播；传播渠道越来越多元，优质内容越来越稀缺；对新闻的观点越来越多，能发掘的真相增量越来越少；人们对新闻的需求越来迫切，但对新闻的信任越来越少。这就导致新闻从业者、新闻本身对于社会的意义发生了根本性的改变，人们过去看新闻是为了寻求真相、获取信息，而现在我们看新闻是为了去发泄自己对某些社会现象的态度，新闻成为一个载体，观点常常比事实更重要。新闻行业的从业人员也越来越不再把精力放在挖掘新闻上，不再去反复求证，而是有了一个信息我们马上就把它发出去，越来越去迎合公众，因为这样会获得 10 万 + 的阅读量和大量转发。

还有很核心的一个变化，是整个行业真正从事新闻报道的新闻工作者越来越少，愿意毕业后从事新闻事业的学生越来越少。一方面是我们行业的收入水平停滞不前甚至在降低，另一方面，我们工作的社会价值和公众认可度在降低，新闻记者不再是受人尊重的职业，导致很多人不再愿意从事新闻行业。

我们今天讨论调查报道，调查报道在中国的局面更为严峻：中山大学的张志安教授大概在 2013 年前做过一次调研，全中国的调查记者大概有 300 多人，2018 年他们又做了一次填表抽样调查，调查记者已经只剩下 175 人了。这可能还是乐观的估计，我认为行业里以调查报道为主要工作内容的调查记者，应该只剩下五六十人了。

新闻事业面临危机吗？我认为，这是中国新闻行业整体低水平的危机。众媒时代的到来、社交网络的兴起、新传播与呈现技术的普及，为新闻事业提供了更多的信息源、更多的传播渠道、更强大的采访工具和更及时的受众反馈，以及更庞大、更急迫的优质内容需求——庞大和急迫到我们现有的内容生产供应能力无法满足需求。但是我们看到，我们的新闻内容生产供应能力反而在下降，愿意去现场的媒体少了，愿意花力气做调查的媒体少了。我们总是处在这样一种状态：一个突发事件发生后，没有媒体去采访报道，看到的是自媒体的评论，甚至很多时候是带有很多情绪性的评论，一天之后事实发生了很大的反转，于是你会看到又有另外一批对于事实的评论出现，而调查记者还是没有到场，人们迫切需要知道事实真相，而媒体并不能提供，于是舆论场被一些似是而非的情绪化的内容充斥，长此以往，人们对于新闻的信任必然越来越少。

那么怎么办？只有一个办法，从业人员一起努力，秉持新闻专业主义精神和规范，持续生产和提供优质可信的内容。

什么是新闻专业主义？我理解，至少包括以下四层意思：一是传媒具有社会公器的职能，新闻工作必须服务于公众利益，而不是首要地服务于任何政治或经济利益集团；二是新闻从业者是事实的报道者，是公共利益的瞭望哨、啄木鸟、看门狗，而不是某一利益集团的宣传员，或政治、经济冲突的参与者或鼓动者；三是以实证科学的理性标准，通过反复核实的独立采访，服从于事实这一最高权威，并尽其所能在写作上力求平衡呈现；四是受制于建立在上述原则上的专业规范，接受法律规范和专业组织的自律，而非受在此之外的权力或利益的控制。

新闻专业主义是我们这个行业能够重新找到自己社会角色的唯一手段。用新闻专业主义来维护的生产优势，不是生产一天两天就够，而是要一年生产365天，持续的规模化的生产和提供优质的、可信的内容，用尊重事实的力量让公众重新建立信任，而不是去迎合公众对10万＋的情绪需求。我们需要有一群媒体人努力去做这些基础性的工作。

四、调查报道与常规报道的区别

调查报道与常规报道还是有些区别的。常规报道的核心是讲述好故事和发表好观点，调查报道的核心是发现和核实事实关系；常规报道讲究专业深度，调查报道讲究审慎保守；常规报道重口述引语，调查报道重实物证据；常规报道难点在采访，调查报道难点在案头；常规报道看重细节，调查报道慎用细节。

大家可能有两点疑惑。其一，为什么调查报道讲究审慎保守，调查报道不是应该积极而尖锐吗？其二，调查报道为什么要慎用细节，不是细节越多越生动吗？大家可能会认为做调查报道是一个非常激进的事情，你们怎么敢去做这么敏感的选题？其实我告诉大家，做调查报道需要保守的心态，越是敏感的题目，在操作上越要审慎。调查报道大多是高对抗、高冲突性的，文章里只要有一处错误，哪怕是并不重要的瑕疵，就有可能被报道对象抓住把柄说你失实，让整个报道彻底公信力崩溃。

慎用细节也是这个道理，细节容易出错。大家学新闻写作的时候，老师会告诉你们，在刻画人物、展示事实和吸引读者的关注度方面，细节是非常好用的。我们看一部电影，数年后可能整个电影讲什么内容都忘了，其中某一个镜头却能牢牢记住，这就是细节的力量。但是调查报道恰恰要慎用细节，因为调查报道的核心是准确性，而不是感染力。人的记忆是很容易出现偏差的，同一个事实，不同人的记忆会有所不同，有时候人甚至会有意无意去忘记一些对自己不利的细节，或者有些人会神经质地不断强化自己某一个虚构的细节，以至于若干年后他认为这就是真实的事情。2011 年我们曾经报道过关于达芬奇家居是否销售假冒伪劣意大利家具的《达芬奇案中案》，这个稿子既推翻了央视《每周质量报告》关于达芬奇家居卖假货的报道，更披露了幕后发生的新闻敲诈问题。后来我写过一个记者手记，其中提到这个稿子胡舒立改了三遍，主要修改的是两个方面，第一个就是删掉了很多细节。比如说原稿里有一个小的情节，公关公司把 100 万元摆平央视记者的公关合同交给达芬奇家居，是在什么时候什么场合下给的，达芬奇家居和公关公司的说法不一致，一方说是在办公室给的，另一方说是在路上给的。但是这个细节并不重要，重要的是合同里写的是什么，所以胡舒立就把这个过程细节删掉了。

这里要强调一点，在调查报道中，事实是最重要的，比文本重要得多，人们需要的是一篇披露事实真相的报道，而不是一篇文笔优美的小说。我们宁愿文章枯燥一些，但一定要能让读者很清楚地意识到这个报道是有扎扎实实的证据，因此我们甚至会大段大段引用原始资料证据，让读者、报道对象和新闻监管部门一看文章，就知道所有的东西都有扎实的事实来源、是进行过反复核实的。这既是对事实的尊重，也是一种自我保护。

胡舒立修改的另一个方面是删枝节，就是把与主题并不直接相关的一些事情和问题先去掉。《达芬奇案中案》这个文章之所以在当时引起了很大震动，是它第一次用具体的案例揭露了新闻行业里存在的"有偿不闻"丑闻。达芬奇家居总共被骗了 2 000 多万元，其中有 1 000 万元是被一个地产公司的副总骗走的，他号称认识某高官的家属，能帮他们摆平此事。我们原来初稿里把这个枝节也写了很长一节，后来这部分也删掉了，因为它跟我们的报道主题并不直接相关。

删掉一些细节和枝节，也有助于我们掌握主动。我们不能一次性把牌全部打完，尤其是调查报道往往是有很大风险的，如果你一次性把所有牌都亮出来了，你的报道把所有掌握的资料全都写进去了，那你就等于完全透明了，如果对方再拿出一些对你的攻击手段，你就没有任何的牌去威慑他了。而如果我们写一部分留一部分，当他来攻击我们的时候，我们马上能够拿出另外一篇报道反击他，这个时候他就会害怕，不知道你还掌握了他什么问题。另外，不一次性把牌打完，也有利于持续报道，延长报道的影响力。

调查报道并非都是一次性把一个事情写完。我们当时推出的《周永康的红与黑》是一篇 6 万多字的长篇调查报道，但其实其中有 2/3 的内容之前都在一篇篇一万字甚至几千字的调查报道发表过。调查报道也需要节奏，一方面调查的过程是不断发现的过程，你已经调查完成相对成型的部分可以先写出来报道出来，这样会有一些知情人士给你提供更多线索，同时也有助于其他媒体跟进，掩护前进。再比如《财新周刊》对新冠肺炎疫情的报道，尤其是早期在武汉疫情期间的报道，也是有阶段性的。

2020 年 1 月 20 日，钟南山在央视证实有人际传染和医务人员感染，确诊数已增至 198 人，第二天我们八人报道团队就抵达武汉，1 月 23 日武汉封城，我们小分队留在武汉，第一阶段做的主要是疫情进程的报道，从 1 月底到 2 月底有"武汉四部曲"，呈现疫情现场的《新冠病毒何以至此》、从医生角度的《抢救新冠病人》、从社区隔离角度的《艰难的清零》以及从医院角度的《火线救人 50 天》，包括后来的《方舱医院里的怕和爱》《武汉冬天的八张面孔》《生死金银潭：一支医疗队的 50 天》，基本每个星期都有一篇万字大稿，都针对的是当时每个星期武汉抗击疫情的核心点和外界的关注点。与此同时，我们也一直在对疫情起始做调查，从 2 月中下旬疫情逐渐获得控制之后，我们又陆续发表了《"华南海鲜市场接触史"罗生门　武汉市卫健委"双标"令人迷惑》《新冠病毒基因测序溯源：警报何时拉响》《武汉中心医院为何医护人员伤亡惨重》《他们打满全场》等调查报道。

回过头讲，调查报道在前期研究和中期采访时可以大胆推理，但必须反复核实，在后期写作阶段更要审慎谦抑，影响力越大的报道越需如此。调查报道是核武器，对己对人都是如此。如果你报道出错了，对被报道者的声誉固然是沉重打击，你的公信力也会严重受损。

那么调查报道怎样保证它的准确性？它有一些新闻核查和反复核实的原则。我们说，常规报道重口述引语，常规报道的难点在采访，而调查报道重实物证据，其难点在案头。这并不是说做调查报道，采访不重要，而是对于调查报道而言，直接的物证、书证等事实证据是最重要的，采访对象的讲述是一种间接证据，不能直接证明事件的事实真相，但能帮助你发现线索，并和其他证据联系起来，构成闭合的证据逻辑链。

采访对象的说法能否采信，我们也要坚持严格规范的标准：对于某一当事人对于该事实的讲述，如果是非对抗性的事实细节，可注明消息来源，直接引用；如果是对抗性的事实细节，则必须寻找另一方当事人（最好还有第三方旁观者）对事实进行直接对质，以查实真相。如果采访不到事实当事人，权威信源提供的信息可予采信，直接引用，所谓"权威信源"，就是他亲眼所见所闻；如果没有权威信源，则必须经过三个及以上独立的可靠信源交叉验证方可使用。这里面的关键词是"三个""独立""可靠"。"独立"是指这三个信源不是听同一个人说的，也就是说他们的信息来自不同渠道，如果三个人都是听一个人说的，那就只能算一个信源。"可靠"的意思是这个信源虽然并非亲自参与和目击，但是他的消息直接来自亲自参与和目击者，他是二传手，不能是三传手、四传手，不是中间倒了好几手的消息，而且这个人的职位、性格和过往的履历证明他是比较可信的。

有时候我们还常常面临一类难题，就是冲突双方，其中有一方不愿意或不能接受采访，我们称之为沉默方，这个时候不能简单地说他拒绝回应就够了，我们需要为报道负责，应尽最大可能保持报道的平衡。这个时候，可以努力寻找有利于沉默方的沉默信源。所谓沉默信源，包括已有的公开报道、行政文件或法律文书，比如一起经济纠纷，其中一方觉得不公向你举报，另一方不愿多说，但如果他们曾经对簿公堂，那么沉默一方在法庭上的起诉书、反诉状、答辩状、辩护词、判决书中对该方观点的归纳，以及法庭举证、质证、法庭调查环节该方代理人的讲述，就是很好的沉默信源。这还不够。在写作阶段，涉及当事双方有分歧的事实部分，必须同时引用双方说法；如果一方为沉默方，则应以沉默方的沉默信源为主事实依据，也就是说，应该先写信息少的那一方对于事实经过的叙述，而以信息多一方的说法作为回应。阅读者总是先入为主的，所以在采访不够平衡的时候，就要在报道上往另外一方偏；在事实说法不平衡的时候，就要在先后顺序上更多照顾另一方。这些操作方式的目的，就是尽可能让报道平衡，不能直截了当地偏袒某方，即使你经过调查认为他是对的。做调查报道时你必须是一个怀疑一切的人，千万不能主题先行。

总而言之，财新的专业主义调查报道有一些工作原则，我尝试罗列如下：

一是正直和公共利益至上原则：不迎合，不盲从，不屈从，就事论事。

二是准确性原则：准确高于一切，事实高于一切。在时效性与准确性之间，毫不犹豫选择准确；在事实与文本之间，展示事实是最重要的（多找一份资料，多采访一个人，或许突破就会出现）。

三是审慎谦抑原则：研究时要怀疑一切、大胆设想；调查时要穷尽检索、严格核实；写作时要谨慎表达、平衡报道（协同作战，交叉验证）。

四是中立原则：不带个人偏见地做报道，让拥有知情权的读者对信息进行选择和判断。

五是诚实原则：不隐瞒身份，不隐瞒报道意图，不提倡暗访。

六是人道主义原则：保护线人和采访对象，不让他们因为接受采访而陷入不应该的麻烦；保护报道对象的隐私，哪怕是坏人也有自己的权利；保护记者，不置记者于危险境地。

做有担当的社会公器，践行新闻理想，其实并不是多难的事，只需做到两点——坚守和自醒。时刻用理想要求自己不放弃，不为权力与商业所俘获；时刻用责任要求自己专业审慎，不为大众情绪和媚俗趋向左右。我们热切期待，在中国出现更多的调查报道。

谢谢大家！

经济报道的国际传播

柯荣谊 《中国日报》 新媒体中心主任

大家好！我今天讲授的内容是经济报道的国际传播。

经济报道和国际传播，在中国的历史上可以说是同时诞生的一对双胞胎。改革开放以后，中国以经济建设为中心，经济报道就成为宣传工作的一个重要方面；同时，国家打开国门，媒体也需要承担向来华的外国人提供英文信息的历史任务。所以在 20 世纪 80 年代，有大量的财经类刊物诞生，也出现了不少对外媒体或频道，以满足受众的巨大需求。

以央媒为例，《中国日报》创刊于 1981 年，主要作用就是向世界讲好中国故事。《经济日报》创刊于 1983 年，基础定位是财经报道。向上看，无论是对外传播还是财经报道，都是关于改革开放的中国叙事，是为改革开放服务；向下看，国际传播和经济报道又存在交叉，交叉点就在对外经济报道这个领域，这也是我们《中国日报》的报道重点。

对外经济报道这个题目很大，有太多的故事可讲。今天就从几个实战案例入手，分析《中国日报》如何在舆情研判、受众分析、内容规划三个方面下手，做好对外经济报道的。

一、经济舆情研判

我想大家最近一定听说过 RCEP 协议，即《区域全面经济伙伴关系协定》，中国是发起国之一。2020 年 11 月 15 日，东盟十国跟中国、日本、韩国、澳大利亚、新西兰等十几个国家共同签署了该协议。15 日协议签署后，我们立即进行了舆情研判，并得出三个基本观点。

第一，印度与东盟媒体十分活跃。我们梳理了 15 日至 23 日 9 天内成员国所有主流媒体的报道，发现日韩（日本和韩国）媒体报道量小于澳新（澳大利亚和新西兰）媒体，澳新媒体报道量小于印度，而东盟媒体的报道量稳居榜首。当然这个数据不能完全反映常态，因为这些国家只有一部分是以英语为官方语言，另一部分则采用本土的官方语言，本土语言的报道量可能还要更大。但英语报道更容易在国际上传播，所以英文报道量至少能够反映大概的趋势，可以作为参考。

第二，媒体整体态度较为积极，但多国媒体刻意淡化中国作用。西方媒体，例如 BBC、CNN 等都认为 RCEP 是中国主导的，但 RCEP 的成员都在刻意淡化中国的作用，认为他们自己才是主角，中国是被邀请来参加的，而邀请中国来参加是为了平衡美国的影响力。

我们进一步分析研判，发现两个主要原因。首先，东盟虽然是一个整体，但是在种种历史和现实因素制约下比较割裂，并不是一个统一的大市场。他们现在需要整合，只有整合才能跟欧美竞争；其次，东盟 2020 年受到新冠肺炎疫情的冲击，急需中、日、韩的投资，特别是中国的投资，因为中国率先复工复产、经济复苏，他们很仰赖中国企业的投资来拉动当地生产。这第二点对全世界都适用，中国是 2020 年唯一实现 GDP 正增长的主要经济体，虽然增速在一定程度上也受到了疫情的冲击，但别的国家都是负的，所以现在世界需要中国的投资。

在这两点上，提倡自由贸易和多边主义，RCEP 都会起到重要的促进作用。所以可以看到，RCEP 缔约方中，五眼联盟成员（澳大利亚和新西兰）、亚太盟友（日本和韩国）等美国传统盟友都没有响应美国对华的孤立政策，而是从本国利益出发，拥抱切合自身实际利益的安排，美国的冷战思维在亚太地区经贸整合浪潮中遭遇严重挫败。中国正在通过 RCEP 构建区域经济共同体，区域国家不仅不会轻易卷入中美对抗的泥潭，反而会基于稳定和利益的需要，抑制中美滑向新冷战。此外，这些国家为了避免影响到与美国的关系，也在同时联手其他域内国家制衡中国，并希望强调本国在本区域乃至全球贸易秩序中的地位，所以出现了多国媒体刻意淡化中国的现象。

第三，媒体报道反映出了各国态度的明显差异，特别是在对待印度的缺席上。印度没能签署 RCEP 协定，因为他们总体心态比较矛盾，一方面担心自己成为中国商品的倾销地，另一方面又认为不应将自己排除在亚太一体化进程之外。

对于印度的缺席，澳大利亚总体持遗憾的态度，因为他们更希望缓和澳中经贸关系，同时联合美国来牵制中国，印度缺席就少了一个制衡因素。日本强调自己在地区和全球自由贸易秩序的中心地位，对中国持有警惕、提防的心理，也对印度的缺席感到遗憾，希望能够联合印度牵制中国。韩国也是比较矛盾，加入确有实惠，但担心影响美韩关系，所以韩国媒体总体都在淡化中国在 RCEP 中的地位，强调 RECP 与 CPTPP（《全面与进步跨太平洋伙伴关系协定》）不对立。

将各国心态的差异分析清楚，我们认为就可以面向不同国家和地区采取分众化传播策略，以取得最优结果。

二、受众需求分析

习近平总书记作十九大报告的时候，《中国日报》在社交媒体上进行全球直播，发现很多海外网友留言说：我们终于能看到中国媒体自己报道的中国新闻了，而不用通过 CNN、《纽约时报》这些转述渠道来看了。

这就是我们做到的传播媒介和渠道上的突破。但是这件事本身也说明，海外受众很难持续关注中国媒体，多数情况下他们还是通过本国传统渠道看关于中国的报道。美国人看中国新闻，最主要还是通过《纽约时报》和 CNN，英国人看中国新闻则主要通过 BBC，都不是我们《中国日报》。

除了西方国家本身，不少前殖民地国家，也受西方主流媒体的影响较大。特别是一些前殖民地独立后没有建立起自己独立的传播体系，反而继承了前宗主国的文化，他们的精英人群去英、美的大学学习，讲述的也是西方话语体系。

所以不要小看西方的三大通讯社，似乎没有以前那么强大，但它们依然具有相当大的影响力。2020 年疫情期间，广州对部分非洲人进行了隔离，这一事件被西方媒体传播后，竟然有一个和中国关系不错的非洲国家来广州撤侨。他们的官员从哪里得到的消息？就是西方三大通讯社。

我们的记者采访过一位黎巴嫩小哥，叫 Adham Sayed，中文名叫杨航，封城期间一直在武汉。他看不惯西方媒体关于中国的错误和歪曲报道，就在 Facebook 上直播，说自己在中国亲眼见到了事实，所以不信；但他要是没来中国，也会主要从西方媒体口中了解中国。

具体到经济报道领域，还有一个特点是，西方媒体会采访西方经济学家，然后拿这套理论来套中国。在西方经济学里，现在还没有一套经济理论能够解释中国经济为什么高速增长了几十年。按照很多西方经济学家的预测，我们的经济早就该崩溃好几回了。

可能有的西方经济学家并不是想故意抹黑中国，但他们的理论就是会得出对中国不利的观点。他们接受媒体采访之后，这些对中国的负面观念可能就被放大了。所以西方甚至全球海外受众得到的信息，对我们不利是很正常的。

而这些西方受众又很复杂，我们经过研判后把他们分为两类：第一类是政客、智库、媒体等精英传播对象。他们还是习惯于用传统的工具来获取信息，主要关注传统媒体及其网站，经常看三大通讯社、《纽约时报》、CNN、BBC 这些媒体供应的信息。除本国媒体之外，他们也想得到来自中国的一手消息，可能就会去看《中国日报》，或者新华网、人民网的英文版。

此外还有一个比较特殊的渠道就是 Twitter，这里新闻机构和新闻机构的从业人员很多，政客很多，智库机构、学界教授也很多。所以 Twitter 虽然带有社交属性，但实际上它是一个以新闻为主的平台。这部分受众想看的信息相对来说比较宏观，比如宏观经济大势，所以对这些人的传播，更多的是要供应这一类的信息，要突出理性、有深度，不能太浅，要有理、有利、有节。还要有数据，但不能堆砌数据，毕竟数据是为了观点服务的。

第二类就是年轻人，欧美叫 Z 世代，咱们叫"95 后"、"00 后"。这些人的特点是年轻，太宏观的内容会让他们觉得很枯燥，所以对他们的传播就要以微观小故事为主，以小见大，要使用互联网语态，突出时尚感、设计感，要有视觉上的设计，而不能是图配文等传统的表现手法。毕竟现在用户习惯了短视频这种信息流平台，再提供图配文可能没有人看。

这部分受众就在"真正的"社交媒体平台上获取信息，比如 Facebook、Instagram、YouTube。Facebook 现在有 22 亿用户，Instagram 有 15 亿用户。我前不久刚面试过两个来我们部门应聘的美国人，他们甚至认为 Facebook 已经太老了，现在正在转向 Instagram。还有就是 Youtube，也有 20 亿用户，它不仅是视频网站，更是仅次于 Google 的第二大搜索引擎，在美国的电视网络中有重要作用，受众在 YouTube 停留的时间非常长。

三、内容规划

我们现在了解了客户，分析了客户的心态与需求，下一步就要做最核心的事情，就是做产品，做内容规划。

内容规划包含三个方面：第一是渠道选择，第二是内容选择，第三是叙事手法。

渠道选择上，我们有个"海陆空传播体系"的称谓。第一类，电视、广播、报纸、杂志等传统媒介叫"陆军"；第二类，网站，它已从以前的新媒体变成现在的传统媒体，姑且把它当"海军"；第三类，社交平台、问答社区、短视频平台等新型媒介，这属于"空中打击力量"。在实际传播过程中并不是单一军种作战，而经常是要不同军种相结合，比如海军陆战队。

传统媒介成本高、传播慢，但依然是一个非常重要的阵地，因为很多重要的传播对象现在还依赖于传统媒介，特别是在冷战后成长起来的几代人（50后、60后、70后），这些人很多都已经身居要位，有很大的发声舞台和话语权。他们受冷战思维的影响非常深远，要改变他们其实很难，成本会很高，也有可能根本改变不了。咱们能做的就是让他们别光听一面之词，而是听一听来自中国的声音。这就需要传统媒体，因为他们对纸媒和电视有天然的信赖感。

而新兴媒介触达广、成本低，受众相对年轻。例如 Facebook 触达全球 20 多亿网民，成本相对来说很低，但是它的受众中最年轻的可能只有 20 岁左右甚至十几岁。国内其实也一样，基本看一下朋友圈就知道有哪些新闻了，刷屏的新闻就是最热的，再加上客户端推送，重要新闻基本上都知道了。

Quora 等问答社区上，问得最多的关于中国的几个问题，其实都是相对积极的，比如中国有没有电冰箱？中国人为什么喝热水？中国有没有机场？其实 Quora 上积累了大量对于中国信息有强烈需求的用户，但是苦于得不到权威的回答，所以很多中国留学生以及一些了解中国的人在 Quora 上非常耐心地去回答外国人对中国的各种提问。

这方面有过很好的例子。英国剑桥博士 Janus Dongye 在 Quora 上关于中国的回答屡次刷屏，他先回答过"14 亿中国是如何喂饱自己的"，给老外科普了中国的 18 亿亩耕地红线等；又发震撼长文"为何中国肯下血本在西方绝不做的'亏本买卖'上"，让全世界都了解了中国正在进行的伟大扶贫攻坚举措。《中国日报》对他进行报道后，引起了巨大轰动。

还有短视频平台，用欢乐的方式讲故事，像李子柒的短视频在海内外都非常受欢迎。

不同的新媒体平台有不同的特点，我们一定要去研究传播平台的特性，不是一个内容打遍天下，不是一个内容一键发送，而是渠道倒逼内容改造。比如做宏观报道时，就要注重列出宏观经济数据、贸易数据、投资数据等，GDP、CPI、PMI 等，这些数据对于研究中国的专家、经济学家、政府官员来说非常重要，这一部分传播分析的是一个大势。这部分内容比较枯燥，传播起来要有自己深入的理解，如果作者自己了解得不是特别到位，写起来就很绕。

传统媒介需要宏观新闻多一些，而社交媒体或网站上可以放视频，并且要多从微观层面做报道，因为这些内容与普通个体是息息相关的。比如说中国经济增长 8%、9%，全世界都惊呆了，但对外国的一个普通人来说意义不大。而贸易战之后中国产品会不会涨价？苹果电脑会不会涨价？这才是国外普通人关心的。

我们可以用 2020 年的经济热点来进行梳理。1 月份的"封城"是 2020 年最火的一个词，封城之后已经做好了经济停摆的最坏打算，却发现中国人的生活并没有受到太大影响，因为电商平台和物流网络仍然在持续工作，快递小哥还在上班。

3～4 月份，开始复工复产，采取线上办公、线上教育，线下也开始逐步恢复。到了 6 月份，毕业生要找工作，但很多单位的招聘没有启动，就业困难，所以就出台了"六稳六保"，涵盖了社会生活的方方面面。后来又有武汉举办盛大水上派对、中国 GDP 转正、蚂蚁暂缓上市、双十一等一系列热点。

接近年底，2020 年 11 月 23 日，贵州宣布所有贫困县脱贫摘帽，全国完成了脱贫攻坚任务，实现了 800 多个县的脱贫摘帽，完成了人类历史上最大规模的脱贫工程。这些都是当时的新闻大热点。回顾下来事件还是很多的，每一个都有背后的故事，都是可以挖的新闻富矿。

找到了矿就开始挖，这里也有两个案例。第一个案例是刚开始提到的 RCEP，11 月 15 日签署协定后的 10 来天时间中，《中国日报》发布了近 30 篇文章，主要包含以下的几个话题：11 月 16 日发了两篇，一篇是国际版头版，《RCEP 签署被誉为多边主义的"胜利"》（RCEP Signing Hailed as Multilateralism 'Victory'），另一篇是官网文章，是对上述报纸头版的补充，题为《RCEP 协议"多边主义、自由贸易的胜利"》（RCEP Pact 'Victory of Multilateralism, Free Trade'）。这两篇文章主要传达的信息是李克强总理的表态，以及商务部王受文副部长、财政部官员和经济学家们的观点。

11 月 17 日，欧盟分社社长陈卫华发文《贸易协定恰逢其时》（Trade Deal Comes at Right Time），这是一篇深度好文，推荐大家仔细阅读。文章分析了为什么 RCEP 的签署恰逢其时，以及协议的签署对中国、区域关系以及世界经济的影响，谈到了对中、日、韩的影响，对东盟的影响和对美国的影响。陈卫华老师的语言特别好，而且他的 Twitter 也很受关注，经常被《华盛顿邮报》《纽约时报》引用，以此来分析中国的态度。17 日还有《伙伴关系提升区域合作》（Partnership to Lift Regional Cooperation）一文，讨论 RCEP 的签署对亚太区域合作、对区域内企业发展的积极意义。这就是从宏观开始，然后转入中观层面，分析对经济体、行业的影响。

11 月 18 日的文章是《RCEP 将推进对外开放》（RCEP Will Greater Openness），这篇文章表达了一个观点，就是 RCEP 是中国对外开放的最好证明。我们通过签署自由贸易协定，开放更多的服务业、金融业，包括科技领域，还有开放外国投资贸易持股比例限制，不断扩大对外开放。

RCEP 对亚太地区各经济体的影响，各个国家可能都不太一样，所以《中国日报》驻外的各个机构都分别针对当地进行了一些采访报道，有些是采访企业主，有的是采访个人，有的是采访政府官员，有的是采访经济学家。《中国日报亚太版》11 月 18 日刊文《贸易协定促进区域发展》；《中国日报香港版》11 月 18 日刊文《香港从 RCEP 中获益》，11 月 23 日刊文，香港财政司司长称香港致力加入区域贸易协议；面向新西兰的有《中国日报国际版》11 月 19 日刊文《中国、新西兰有能力发掘"新机遇"》；俄罗斯站 11 月 19 日刊文，俄罗斯专家表示，贸易协定将对亚太地区带来促进作用。还有文章阐述了 RCEP 对中日韩贸易协定的影响：11 月 17 日刊文《RCEP 的签署有利于中日韩加速自贸区谈判》，11 月 20 日的文章也认为 RCEP 为中日韩三边自由贸易协定铺平道路。

从《中国日报》RCEP 系列报道可以看出，整体的规划是从最开始的宏观到中观再到微观，现在这个事情还在进行当中，再往下就会有微观层面的报道，讲企业和个人的故事。还有就是分区域、按国别进行传播，这个时候每个地方对中国资讯的需求量都很大，所以我们就生产、提供更多的信息，《中国日报》海外的一些站点都在发布相关文章。

第二个案例是在社交媒体讲中国经济，跟传统媒体有非常大的区别。我们给自己列了三条原则：第一，降低理解门槛，特别是降低对枯燥数据的理解门槛，用得比较多的是动态数据新闻或动态图表新闻；第二，把问题讲清楚，我们的一个做法就是做比喻，用趣味的文字辅助理解；第三，以小见大，就是我们经常讲的"小切口反映大主题，小人物反映大时代，小故事反映大主题"，要去找小切口、小人物和小故事。

先看看我们 2019 年年中推出的一个宏观报道。当时中国 GDP 数据是

6.3%，这时就出现了"中国崩溃论"，所以我们就做了一个真人秀短视频①。视频里的外国人是我们的外语编辑，出镜的人员有我们的同事和实习生。一个人代表一个国家，国旗放在胸前，跑道就是 GDP 增长，这就是拟物化，让枯燥的数据变得有趣一些。

第二个视频②看起来好像是很简单的作品（数据图表），但视频中的数据是整理了 70 年间共计 10 万篇《纽约时报》的头版新闻后得出的，从《纽约时报》头版的报道量变化来看中国经济的成长。一开始得到的数据表格是很枯燥的，所以我们就把数据变成了图标，并且让图标动起来，像音符一样，背景音乐是专门找音乐老师原创的，叫最燃 C 大调，因为 C 代表 China。

第三个视频很短，是 2019 年澳门回归 20 周年时我们做的一个报道③，当时澳门有大量的庆祝活动，面对海量的信息，如何选择报道的切入点？澳门 GDP 不是当地的宣传重点，但是我们敏锐地发现，虽然澳门的经济体量跟很多地方没法比，但是人均 GDP 居然是全球第二，充分显示了澳门在这二十年进程中的成长。这个报道出来之后，很多媒体都在转载这则非常短的视频。

以上三则报道都是宏观的经济报道，都和数据相关，主要是为了告诉大家如何让数据更有趣一些。接下来看一个中观层面的报道④，这则短视频回应了外资大规模撤出中国和中美实质脱钩的问题。我们用小人的动画来表示采访到

---

① 外媒唱衰中国经济？呵呵 https：//mp. weixin. qq. com/s？__biz = MzU1NTcxODQ0OQ = = &mid = 2247564616&idx = 1&sn = ea4175e6098a98cba7a20a6324a5ccff&chksm = fbd3bf16cca4360013e618c18e59acce 91ad959c037bb1ba8c4c92248faa4b0ea59544b90fd2&mpshare = 1&scene = 1&srcid = 1026Jl8hlRFFnHlxWejVz BNt&sharer_sharetime = 。

② 大阅兵后再看这组外媒数据，忍不住又红了眼眶！https：//mp. weixin. qq. com/s？__biz = MzAx NzE1OTA1MA = = &mid = 2651699404&idx = 1&sn = 1aebf5b22559d2a9ec328bbde3c09d61&chksm = 8010de 29b767573fbe0c2df50a72270222afa9827e76b1e7617f31c1359b17d0429998c31bae&mpshare = 1&scene = 1&sr cid = 1124PeeVtMIv11WifAsy6BV5&sharer_sharetime = 。

③ 我有这个视频，你有更燃的背景音乐吗？https：//mp. weixin. qq. com/s？__biz = MzAxNzE1O TA1MA = = &mid = 2651704085&idx = 1&sn = 3da7f044f4a5928a1c09296aa010167e&chksm = 8010adf0 b76724e6434a164326acf5a6e6f3fea715f43b380a40947088de914b0b93753afa54&mpshare = 1&scene = 1&srcid = 1124A2fjsPHZo4XyA1GwmB3m&sharer_sharetime = 。

④ https：//www. weiyun. com/video_preview？videoID = 0256897c - 8cf8 - 4ac9 - b68e - fcdfbeb66a5 a&fileName = To%20the%20point%200202 - %E8%8B%B1%E6%96%87%E5%AD%97%E5%B9%95% E7%89% 88. mp4&dirKey = 8d6f5a0bd16c57331c83b263ed1d6920&pdirKey = 8d6f5a0bed3aec236868f17f98 3356b6&shareKey = UOWf8HID。

的一些数据，小人提着行李箱说我要离开了，但是家里那么多的东西都带不走，通过这种语态的变化和画面的创新来把枯燥的故事讲得有意思一些。社交媒体报道一定不要藏得太深，要在一开始就告诉大家结论，而不能到最后才说。

最后这两个视频是体验式报道，第一个视频是从外国人的视角看小康①，用动画演示历史，用无人机画面展示搬迁难度，还有国际知名专家点评其世界意义。第二个视频是关于脱贫攻坚的报道②，直播中国农民的新农活，主要展现三个反差，分别是外国记者和中国农民、外国人的普通话和中国人带江西口音的普通话、现代工具和传统农活，这些就是小切口、小人物、小故事。所以我们在社交媒体上，既可以很宏大，也可以讲小人物的故事，但一定要做得很有意思。

我今天就跟大家分享这么多，谢谢大家！

---

① 把"悬崖村"搬下悬崖，总共分几步？https：//mp. weixin. qq. com/s？__biz = MzU1NTcxO DQ0OQ = = &mid = 2247595228&idx = 1&sn = db91acd56d82fd934fa631fc2930383e&chksm = fbd33682cca 4bf94b984ad5c4cab81f42ee9af1a9f4e758a26b7c214468528bdad6ba0ba1717&mpshare = 1&scene = 1&srcid = 11248KdgPESTh80lYJAtJubd&sharer_sharetime = 。

② 美国人到江西农村采访，发现中国农民把手机玩成了"新农具"！https：//mp. weixin. qq. com/ s？t = pages/video_detail_new&scene = 1&vid = wxv_1563255121327783937&__biz = MzU1NTcxODQ0OQ = = & mid = 2247598249&idx = 1&sn = 7e53df631c9fcb20ac677430ae0a5e66&vidsn = #wechat_redirect。

关于公共政策报道的思考

任 波 财新传媒副主编

大家好！很荣幸能到课堂上分享平时工作中的一点心得和体会。我是在2000年到《财经》杂志做记者的。之后在2009年时杂志的创始人胡舒立又创办了财新传媒，自此我便在财新传媒一直工作到现在。

我初到《财经》任职时，记者是很少的，十几个人可能都不到，所以当时大家没有区分报道的领域。后来随着人数的逐步增加，报道领域就细分了。我原来也没有特别细的报道领域，我什么都跑，银行、计算机，甚至有时候对感兴趣的生物、生物医药也会去跑一跑，到财新之后分工就越来越专业了。现在随着队伍的壮大，财新里面细分出不同的小的团队。我主管的团队负责公共政策新闻报道，简称"公策"，后来也觉得这个简称不太好听，现在叫"民生报道"，负责的领域一度包括社保、"三农"、土地、城市化、医疗、教育、公益慈善等。我们内部有一个小团队叫民生组，现有记者大概是9～10人，报道聚焦两个主要领域——医疗和教育。

接下来我就跟大家分享这些年做公共政策报道的一些思考：什么是公共政策报道？公共政策报道做什么？公共报道怎样做？定义一件事情是我们做好这件事情的起点，讲座第一部分我会分享我个人对于"公共政策新闻"这个概念的理解，通过我与大家对定义的共同梳理来思考"公共政策"是什么样貌。第二部分我会分享这些年从《财经》到财新，我们对公共政策做了一些什么样的报道。之前也给大家提供了一些参考材料，若时间允许我们可以找出一篇做一些集体讨论。最后一部分我们将讨论"财新"作为一家有自我定位的媒体是怎样做公共政策报道的。我希望下课之后，大家还能够再回到原点，去想一下"我理想中的公共政策新闻报道究竟是什么样子的？"我想每个人都会有自己最好的答案。

一、公共政策

2006 年至 2007 年时，公共政策报道在《财经》杂志独立作为板块，我的报道方向更聚焦于这个领域。彼时我也比较困惑舒立让我们做的"公策"究竟是什么？我曾经在互联网搜索什么是公共政策，也阅读了相关书籍。在做这个课程 PPT 的时候我又看了一下新的搜索结果，发现和当年相比，关于"什么是公共政策"的答案又丰富了很多——当年基本上是比较零星、不成体系的答案，而现在公共政策有专门的一个词条，对其概念的演化也有了一些解读。百度词条的解释是"公共政策是公共权力机关经由政治过程所选择和制定的为解决公共问题、达成公共目标、以实现公共利益的一个方案"。它主要的作用是规范，实现机构是政府，其方向事实上由国家决策者来确定，即我们理解的精英或是权威来决定政策的走向。公共政策的关键词是公共利益，维护公共利益，解决公共问题，由公权力的机关去实现这样的目标。

我查阅了一些学者对于"公共政策"的定义，给大家分享。第一个学者是美国的第 28 任总统，他将公共政策定义为：由政治家和具有立法权的人制定的、由行政人员执行的法律和法规。因为 Wilson 的观点比较有名，他说要把立法和行政分开，政治家和行政人员是两个体系。针对这个观点也有很多争议，但实际上还是在刚才我们的概念框架里面，它在公权体系里去制定、执行一项政策。

第二个学者是 David Easton，公共管理学领域的专家。他把公共政策定义为政府对整个社会的价值做权威性的分配，并且予以实施的行为。这个概念比较简洁，他提到了社会的价值，而且是说把价值做权威性的分配，其实还是和刚才的定义有一定的关联。

第三个学者 Thomas R. Dye 的概念比较简洁，特别具有美感。他说公共政策是政府要做的或者不要做的事情。关键词还是政府来完成这个事情。

最后，《权力与社会》有两位作者又提供一些新的解释：为了某项目标、价值与实践而设立而设计的计划。这个概念中对政府相对又淡化了一些，但也是关于存在一个公共的目标以及大家如何去实现它的问题。

上述几个定义之间既有一定的关联，也有不同，大家可以注意区别。我把上述概念提及的一些关键词列了出来，比如有：公共产品的分配，公共利益的最大化，公共的价值观等。将这些概念整合到一起，可以看到它们都是通过政府行为来实现的。

这其中有民主的过程，民主的过程是什么样子的？民主无非就是少数服从多数，把多数人的选择作为我们的公共利益，最后由政府去实现，尽可能得到利益最大化。这就是我理解的，现在比较流行的、主流的公共政策的概念，这些信息相比我当时在《财经》开始做公共政策报道时搜索到的概念已经丰富了很多。

但是，我们在理解这个概念、在具体真正面对一些公共政策问题的时候，真的能接受这样的一些答案和选择吗？它们是正确的吗？我们有没有追问过，当一些少数服从多数的决策和你息息相关，你成为少数派的时候，你是不是很开心？我们追问什么是公共政策和公共利益的时候，我们总会发现所提及的是理想的状态，事实却不总是与理想状态一致的，总会产生问题。

我们最近也做了一些报道，举一些例子。这是去年一篇题为《免费艾滋病药救不了的病人》的报道。在中国因为输血感染导致艾滋病较大面积流行，政府出台了"四免一关怀"政策。其实这是一个很好的政策：如果你是一个艾滋病患者，可以得到政府免费的药物治疗，那么在很大程度上能够遏制艾滋病的传播。这篇报道的新闻线索已经存在有很长时间了，见诸报端的却不太多。我们对线索进行了讨论，觉得该政策涉及的一小部分病人也是值得我们去关注的——免费药救不了他们，因为政策免费药少数患者用到了一定程度会产生耐药性。我们的记者采访了这样一个在河南的患者，他说吃这个药就头晕，耐药性发作的时候就吃不下去。而不能按时定期服用药物会导致患者体内的病毒载量无法控制，那么就会加剧抗药性，药物就无法发挥应有作用了，所以其实政策对这部分患者来说就是失效的。

但这些人是少数，而且国家有免费药了，我们还要不要关心他们？我们是否能够认为现在的政策因为关注了大多数人所以是理想的、完美的？基于这样的反思，我们认为该选题还是值得我们去关注的。在 2019 年我们刊发了这篇报道，现在我们也在不断跟进，因为免费艾滋病药即一代药是比较便宜的，二代药会减少患者的耐药性以及一些副作用，是不断需要药企更新的，但价格必然会更贵。患者很需要二代药，但大多数患者很难负担得起。如果把二代药纳入"四免一关怀"政策，对于政府来说可能就比较难。那么我们就想能否将二代药纳入医保，让患者以相对便宜的价格能够吃到这些药。所以后来也是有各种呼吁，决策层也会看到这些呼声，去年的医保谈判已经有一两种药的组合纳入医保中，今年的医保谈判还会有更多的品种进入谈判。谈判结果如何还未知，因为谈判涉及价格和供应量的问题。但我觉得这是一个好的开始，政策关注到一小部分人的利益，这一小部分人的利益与我们息息相关。尤其是传染病，如果不能阻断可能就会带来新的传播，所以少数人和多数人总是相对的。

所以到底什么是公共利益？

在新冠肺炎疫情期间我们的实习记者也关注到在北京还有这样的一小部分人（打工子弟群体）。他们得到的教育资源已经很不充分，疫情期间的教学就更为困难。因为学校靠学费维持运转，老师的素质或者各方面的条件在疫情下无法满足他们网上授课的需求。他们也无法进入北京的公立学校就读，疫情期间大家以防疫为重，这些人该怎么办？如果不能够跟上学业的话，他们很可能就会辍学，辍学之后可能就变成"混混"了。我们其实也接触过很多这样的案例，有的人长大以后可能就会成为社会边缘人，甚至可能导致严重的社会问题，这个群体没有得到关注。作为媒体我们还是应该讨论与关注这样的一个群体。所以回到什么是公共利益？我们谈疫情、谈大多数人的利益的时候，还是有这样的一小部分人。在少数服从多数的框架下，在尊重政府意志的前提下，我们要不要去关心他们？媒体视野当中是不是应该去看到这样的一些新闻线索？

还有一篇疫情期间题为《一批北京就医肿瘤患者的挫折》的报道，关注的是肿瘤患者的超额死亡率问题。疫情期间很多非新冠肺炎患者，尤其是很多京外肿瘤患者就医受到影响。他们来北京的三甲医院寻求更优质的医疗资源，住在北京。但疫情期间医院关闭，可以提供的号源减少，患者们怎么办？如果回家，他们原本的治疗中断，可能要到一个不是那么满意的医院就诊。如果他继续留在北京，生活成本又很高，且不知道什么时候才能够挂上号。所以我们做了这样一篇报道，希望引起重视，推动北京尽快开放号源，或者用在线治疗的方式把一些患者纳入治疗体系当中。

不知道大家有没有看过一部很经典的电视剧《Yes，Minister》。我们刚才说公共利益的悖论，什么是公共利益？是少数服从多数吗？现在我们还有一个悖论，政府来推动政府认定的政策，就是对我们来说合适的政策吗？我们应该去拥抱它，支持它，去说服民众也同样要去接受它吗？我比较关注的是：政府的角色是什么？我们来看一下其中关于控烟的一幕①。

我觉得这个电视剧真实之处是，它不会因为时间的流逝而变成一个伪命题，它有现实的对照。在中国，我们现在也面临控烟的问题，控烟涉及的烟草和卫生部门永远在争论。为什么控烟总是那么难？看财新的报道能发现争论总是在反复，尤其是疫情期间，一些城市比如重庆要落实地方性的控烟法规是很难的。

作为一部 20 世纪 80 年代的电视剧，即使现在每年回看一遍也不过时，同样的问题今天依然在发生。所以政府的政策就一定是我们认为好的政策吗？我们了解政策背后发生的博弈吗？这又是另外一个悖论。我找了一些很有意思的台词，把政府的本质、公共价值的本质通过英国人的这种幽默方式表达出来了。英国政府是什么样子的？剧中公务员说越费钱越便宜、越秘密越民主。剧中人物哈克尔说："如果政府不行善，它的目的是什么？"大臣说："政府不关乎善和恶，只关乎治与乱。"如果如大臣所说，那么我们的公共政策、民主、公共选择的目标是为了什么？它和我们期望的世界是一样的吗？

---

① https：//haokan. baidu. com/v？vid = 16499349382779596690&pd = pcshare

另外一个悖论是关于精英的。我们认为精英总是为了民众的利益去呼吁、去运筹帷幄。对此我向大家推荐一本书《国家的视角》。书中讲了一些案例，比如说坦桑尼亚的大规模拆迁和巴西利亚的纪念碑。书的副标题叫作"那些试图改善人类状况的项目是如何失败的"，书中谈到了巴西利亚的例子。我小时候看过一篇文章令我特别神往，是谈巴西利亚这样一个神奇的首都是怎么建成的，后来我就想这么好的城市将来长大了一定要去。但我真正去了以后发现和以前杂志上写的好像不太一样。所以我们一定要在讨论公共政策的时候回到这样的一个问题：那些试图改善人类状况的项目是如何失败的？我们自己身边有没有这样的案例？大家可以想一想，例如大炼钢铁是试图改变人类状况的项目，也是为了大家的公共利益，它的结局是怎样的？所以我们讨论公共政策的时候，我们要拥抱什么？什么是公共政策？我觉得大家可以再梳理，我只是提出几个问题，在提出这几个问题之后还可以回到原点，大家思考我的定义后能够自己定义什么是公共政策。不一定要迷信专家，每个人要相信自己：我的定义是什么？

讨论公共政策越过技术的表象时，我们要去思考公共政策的灵魂是什么？比如刚才同学说：扎根民生问题，保持敏锐的洞察力。我们凭借什么去扎根民生问题？我们的洞察力来自什么？我们要去追问这些公共政策的灵魂，当你在追问灵魂的时候，可能我们的视角，我们判断这件事情价值是不一样的。

我向大家推荐 John Rawls 的《正义论》。这本书是大部头作品，我也是仅有很皮毛的一些了解，Rawls 结合了洛克、卢梭等很多思想家的思想进行思考与追问：我们要一个什么样的世界？他说我们这个世界有两个原则：第一个是平等的自由原则。在不伤害、不剥夺别人利益的前提下，还能满足我的利益，大家可以思考我们的公共政策能否达到这一目标。

第二个是机会的公平平等差别原则，差别原则就是面向最少受惠者。因为机会是不平等的，每个人先天条件与天赋是不一样的。Rawls 说真正的平等是机会的平等，但不回避个体之间的差异。如何理解呢？比如 A 是富二代，B 是一个低保户，在这种情况下怎么平衡公共政策？那就是要对最少受惠者的倾斜，向弱势群体倾斜，大家是否同意这一原则？同样，大家也可以思考我们现在的公共政策、我们的政策制定者是否在制定公共政策时考虑到了这个原则。

刚刚提到了政治学家或者哲学家对公共政策的看法，下面分享经济学家如何看公共政策。在我上学的时候，我们经济学课程的名称是"西方经济学"。西方经济学之父亚当·斯密《国富论》的核心概念是"经济人"假设和"看不见的手"。"每个人都是自利的"成为一个大前提，被很多经典的教科书和学者用作分析现在市场经济运行的基础。很多后来的理论假设、公式、计算都是由此而来的。

但当时老师没有告诉我们，其实亚当·斯密在发表《国富论》之前，他还写了《道德情操论》，这两本书的理念在 19 世纪被提出经济周期的学者熊彼特注意到，他说亚当·斯密说的两个理念很冲突，叫 Smith paradox，斯密困境。亚当·斯密是否精神错乱了，给我们说这么矛盾的东西。我们怎么去弥合？

现在也有很多的讨论，我们现在看到的世界更像是《国富论》的世界，更像是利己主义的世界，利己主义已经成为了社会的主人格。那么我们在讨论公共政策的时候，是不是就要把它作为必然的前提条件？我们去看斯密《道德情操论》中讨论的截然不同的前提：我们人类是有善意有同情心的，是有利他主义精神的。他讨论了很多关于人的情感、同情、有善意的世界。利他主义的世界和利己主义的世界是两个世界，怎么融合这两个世界呢？社会主人格已经是这个样子了，我们怎么去选择？比如挤地铁的时候，为了获得座位这种"稀缺资源"，我们是出于利己主义争夺得头破血流，还是说为了利他主义要礼让的世界会更好？大家可以去看看《道德情操论》，然后再来想这个问题。

我还想向大家介绍一个重要的人物——Richard Titmuss。这是一个很被忽略的人。他是费边社的成员、社会政策理论的创始人、伦敦政经学院的教授。他论证了利他主义的价值，即利他主义的世界有没有存在的必要。他有两个重要的观点：礼物关系和利他主义。

礼物关系是什么？我们可以思考是有偿献血好还是无偿献血好？有一些产品不是通过市场的交易就能够很好地满足社会需求的，如血液、器官，很多这样的产品就具备这样的特性。举个例子，以前在国内一些地区艾滋病血液传播广泛，这和当时单采血浆模式有关（在单采血浆站，通过分离设备把血液提供者的血浆采出，其他的成分回输到供者体内，容易造成疾病传播）。Titmuss的论证是，因为是有偿的，为了经济收益出卖自己的血液，并不会重视自己的身体状况和血液质量。这样的血液价格看上去可能是便宜的，但是其背后的社会成本是无法计入的，因为并不能知道献血者是否感染了乙肝、丙肝、艾滋病病毒等。这些后遗症让社会背负了巨大的成本，是每一个人在承担这些社会成本。只有作为一个比较高尚的馈赠，是为了对方的利益而赠与的产品，我才会去在乎它的品质。Titmuss 认为，动机是不一样的，不是牟利的动机而是利他主义的动机，动机不一样，结果就是不一样的。

在公共卫生及健康领域，我们更多地会遇到这样的一些追问，政府的角色是什么呢？当我们觉得利他主义有其存在价值的时候，还会把主人格无限放大吗？我们是不是可以用一些制度来激励利他主义，使它能够更多地出现在我们的生活或者社会产品、公共产品的提供当中。

Titmuss 还有一个很重要的、比较开创性的论证，就是三分法模型。该模型是论证福利的不同的提供方式：第一个是剩余式的 residual；第二个是这种比较工业化的激励方式；第三个是普惠制的提供方式。大家有空可以去看第一种剩余式的提供方式，如英国的济贫法下的贫困人口救济。一个社会发展程度很高，发现了少数贫困人口后社会进行救济，不要让他们因贫困而陷入危机，但到这种程度时一个人的生存状态已经很差了，对吧？现在比较主流的方式是第二种，比如说社会保障，我多缴多得，激励人去参与一些福利制度，但是它也会导致一些人群的边缘化。Titmuss 论证的是只有福利是在普惠制的前提下，每个人是 Rawls 提到的自由平等的时候，才能最大地激发人的潜能。即人生来无衣食之忧，处在自由放松状态的时候，人的潜能才能充分地发挥，这也是北欧的一些福利国家的理论基础。这是 Titmuss 给我们提供的一个关于公共政策灵魂的答案。当然我们也不能忽略，福利制度的选择也要随着一个国家的发展程度而循序渐进。

还有诺贝尔经济学奖的获得者 Amartya Sen 的答案。他的经济学贡献是重建了伦理的维度——restored an ethical dimension，其实亚当·斯密的《道德情操论》已经提及了伦理的维度，只是功利主义盛行的这些年我们可能忽略了，所以 Amartya Sen 重建的伦理维度是什么？

我说一些自己的理解，他说自由是发展的终极目标。我们社会为什么要发展？我们社会存在的目的是什么？Rawls 也提出过平等的自由原则，自由可以是我们发展的目标。那么公共政策是不是也可以把自由纳入视野，作为我们的灵魂？Sen 说发展是可以看作人们拓展自己享有的真实自由的一个过程。什么是发展？发展就是拓展人的自由。

发展这个概念是怎么来的？它是相对于增长而来的。在功利主义经济学说比较受重视的时候，经济增长的指标比如 GDP 是很重要的对吧？我们每年都要看统计局说今年"保增长"，保了 7 保了 6，现在疫情可能没有具体增长目标数了，但是也还不错是正增长，比周边国家还要好。但是不是 GDP 上去了我们的社会就完美了？Sen 给了我们一个伦理的维度，他说发展是人们享有真实自由的过程。

经济发展和经济增长带来了收入的增加，总有一些人认为整体的收入增长了，增长的好处就会 trickle down，像涓流效应慢慢地惠及每个人。可是为什么还有艾滋病患者用不起二代药、新冠肺炎疫情当中的患者、城中村无法上学的小孩。他们没有享受到增长的好处，他们的自由相对于我们的自由就更廉价吗？所以我在想我们讨论公共政策的时候，要去想 Rawls 所谓自由的平等是什么意思？我们要不要维护这样的概念？

Sen 有一个非常重要的理论和提法，他说：你怎么能够获得自由呢？公共政策怎么去保障人的自由呢？关键就是一个人自由的时候有 capability，有自己的能力可以去获取想要的生活。或者说我们经常流行的话说，"你得给我选择权"，我能够选择，如果我食不果腹或者因病致贫，我选择什么，自由在哪里？我们社会没有给他们平等的自由。

Sen 比较看重的是教育和健康。我们在招聘的时候曾经有记者对我说："任老师，我特别喜欢做房地产报道，那个很来劲。我觉得医疗和教育没什么意思。"我告诉她说医疗和教育为什么重要："医疗教育涉及让我们能够获得自由的根本的要素。好的医疗能保障你身体的健康，你有平等的健康权。好的教育则可以让你除了有健康身体之外还有智慧的头脑。"我最近还看到一个报道说江西肿瘤医院外面很多家属自己带着油盐酱醋，花一块钱给家里面住院的人在爱心厨房炒菜做饭。如果健康权有足够的保障，可能就不会用为了省钱而不得不这样做。如果拥有像 Titmuss 说的普惠制福利的话，我只要是国家的公民，那么我就可以去治疗我的疾病，拥有健康的身体，我就有更大的自由了。这还不够，我还要有选择的能力，要有知识，要知道去选择什么对吧？因此我非常同意 Sen 的观点：医疗和教育是我们让人获得自由最需要去保障的权利。这也是为什么我特别强调记者要把这两个报道要做好。

Sen 也讲到了伦理和市场的关系。其实价值观、社会规范和市场经济并不矛盾冲突，我们可能把它作为主人格的时候忘记了一些事情。我跟我的老师在讨论中国转轨的时候，讲到一个例子：现在市场上能看到的招聘广告对年龄一栏要求基本是 35 岁以下，那么大于 35 岁的中年人、老年人就应该免开尊口了吗？但是他们的权利也是要得到保障的，每个人的自由平等就业权是市场机制的前提。其实在很多市场经济国家、发达市场中，已经把它保障平等就业权作为一个前提了，我们对公共政策灵魂的追问中，应该思考我们的市场经济就是一个纯粹的利己主义的经济吗？

以上是我要跟大家分享的一些观点，也是我们在讨论公共政策、做新闻的价值判断、资源有限取舍报道的时候，需要不断追问的，最后很可能会形成我们的肌肉记忆，在判断、选择的时候自然而然地作出决定。Sen 这里有一段话大家可以看一看：

"市场机制在一定条件下取得了巨大的成功，这些条件就是，所提供的机会可以被合理地分享。为了使这种情况得以发生，需要有适当的公共政策（涉及学校教育、医疗保健、土地改革等），来提供基本教育、普及初级医疗设施、使对于某些经济活动（例如农业）至关重要的资源（例如土地）可资利用。甚至在极其强烈地需要经济改革来允许市场有更大的空间时，这些非市场设施仍然要求细致的坚决的公共行动。"这是 Sen 告诉我们的伦理观，这是我在做公共政策选择，或者说我在做选题取舍的时候，可能我现在已经不再去这样问了，但是可能内心里会想我们灵魂、价值是什么？这是我考虑的问题。

二、公共政策报道

那什么是公共政策报道呢？我觉得这个问题和"什么是公共政策"是密切相关的。下面我讲讲财新和《财经》的公共政策报道，会涵盖历史、方法、案例等。这里面也涉及很多我的前辈、领导们所做的优秀报道。

《财经》杂志时期，我们有一些题材的选择和现在大家看的杂志选题是有一定区别的。比如说当时的选题会锁定在计划经济向自由经济转轨时期重大的制度变革、粮改、棉改、就业制度的改革、医保制度的改革、入世后和国际接轨等，这跟杂志创刊时间和时代背景是特别相关的。当时瞄准的是一些重大的社会问题，有一种百废待兴的兴奋，例如从自上而下的精英视角的选题比较多。我们会强调内容的专业性、权威性，无论在什么阶段都特别强调新闻的准确性。我们也比较推崇、建议记者要深入地去研究，充分掌握材料做到叙述的准确。

《财经》还有一个特点：编辑占主导位置（从选题的确定到最后的成文，编辑高度参与）。这是我到《财经》杂志做的第一个封面报道（《房改迷局》，《财经》2000 年 5 月号）。对我来说当时做这篇报道十分困难，后来发现这篇报道变成了研究怎么分房子，因为北京当时房改，涉及老百姓怎么去买、怎么去分。我就研究了所有的分房资料，比如像分房的规则如何计算这些内容全部都要看，每天非常绝望，最后总算写完了这个稿子，不过编辑在表达方式上帮助做了很多修改才最终完成。

早期从报道量上来看，《财经》杂志早期的一些报道还是以财经类的、金融类的报道为主。早期杂志（2000 年）里真正从内容来划分属于公共政策类的（封面）报道，可能是《中国网上大学》还有《房改迷局》这两篇。这一整年中"基金黑幕"是非常轰动的一篇文章，可能是《财经》杂志的第一个飞跃，但是民生类的、公共政策报道相对少。2002 年开始，《财经》关于公共政策类的报道体量就多了起来，这与那个时候的社会背景是有关的：民生类的改革需求日盛，改革动作越来越频繁，大的制度改革其实非常多，粮改、棉改、税负、土地、就业、城市等。当时我主动请缨跑"三农"问题、当"三农"记者，我觉得农村、农业、农民的变化其实涉及中国最底层、最关键的一些制度的改变，所以 2002 年《财经》杂志跟土地相关的报道我都有参与。

《财经》期间一个重要的飞跃是 2003 年关于非典的系列报道。《危险来自何方》（2003 年 4 月）。当时非典已经爆发了，用现在的话来说叫"出圈"，《财经》从一个财经类的媒体突然涉及健康类的议题，且产生了非常大的影响。当时舒立亲自坐镇，我还不是跑这个口的，就干了一些边边角角的事情。非典之后，这次新冠肺炎疫情暴发之前，好像某天就是念头一闪，我还想到过：因为疫情导致街上空无一人的这种现象再也不会发生了。之后却突然就发生了新冠肺炎疫情。在开始的时候非典和新冠很相似。非典时舒立亲自去山西，我觉得这里面有两个点，如果大家看了报道的话，一个是早期对于病原的确定，原来说是衣原体导致的感染，衣原体不是病毒而是一个感染源，相对于病毒来说没有那么凶险，我们不用像防病毒那样特别防范。但是后来发现非典的病原体确定是一种新的病毒，这很早得到了确定，只是老百姓不知道该病毒非常致命，怎么向社会公众传达这个信息是一个改变历史的事情。非典后期《财经》在追踪感染源、比较各个地方防控的策略都一直在跟进。《财经》报道的专业性、影响力非常受医疗界认可，很多圈外的人都知道了《财经》。

《财经》杂志后期的公共政策报道题材越来越拓展，2003 年以后社会整体是越来越开放的，对这些题材的接纳度是越来越大，需求量也越来越大，所以在这个时期我们"公策"报道作为单独的门类出现了。随后几年关于公共政策的报道数量越来越多，从《财经》杂志封面报道都可以看到关注了医改、2008 年的农民工失业。从我们杂志封面报道的设计也能够看出，和最开始常做精英视角的内容不同，到这个时期我们更多地选择作为个体的人，甚至是一个社会底层的人作为封面的主角，他们是政策作用的客体，以"他/她"的故事印证对一个政策的判断，呈现一个重要的政策变化，从而让故事更鲜活。这样的变化吸收了记者的草根视角，《财经》当时的记者编辑队伍不断壮大，记者有了更多的自主性，因为他们在第一线所看到的东西与编辑看到的是不一样的，这样的改变我觉得是非常健康的。这个时期我们的板块就叫作"民生社会板块"了。

《财经》初期记者编辑人手不太足的时候，我在的组叫"综合组"，我跑的报道板块比较多，银行、商业保险、社保、"三农"、医疗都跑过，后来慢慢地转型做编辑能够带一两个记者，这时候不同的板块也有了更多区隔。慢慢我们也开始做公民社团这样一个能体现中国社会变迁、政府与市场外社会力量发展的板块，拓展报道做了很多基层的故事，描述矛盾冲突中的人物悲剧来说明和印证制度的问题，以人为中心的思路就开始能够体现出来了，作为互动桥梁的感觉越来越强，能够感受到公民社会的发育。

《财新》周刊最早叫作《新世纪》周刊，之后改了名。《新世纪》的题材涉及面也比较广，比如以"魔兽世界"停服为切口谈网游对青少年的影响，当时财新报道的深度和广度进一步拓展了。我印象很深的是我编辑的《刺医》，因为此前包括对非典报道在内我们还是会站在医疗机构、医疗系统的视角看问题，但是在编辑《刺医》的过程中，我们的报道较多地考虑了患者的视角。

我成为编辑后觉得编辑编稿子比较辛苦，有时候自己要改动很多，但是也会自己抽空写一些报道。因为家里有小朋友，当时关注到了"小升初"这件事，觉得特别需要有人推动这个问题的解决，就抽了边角时间做了一些采访，发了这一篇《"小升初"的秘密》，反响不错。当时报道发出后有很多朋友打电话给我，他说："你说出了我们想说的话。"也有人告诉我据此进一步整理了材料报告给更高的决策部门。不久后，小升初的政策就变化了，我觉得还挺有成就感的。

这个时期《财新》发表的《邵氏弃儿》也是一个里程碑式的报道，当时一个很资深的记者发现，湖南邵阳很多计划生育干部把刚出生的女儿抢走了放到孤儿院去，有的小孩被国外家庭收养，最后这些家长寻亲。这其实是一个计划生育政策背景下的悲剧，通过报道会看到这个政策的后果落在普通人身上，时代的一颗尘埃，但落在普通人身上是一座大山。

我们又回到公共政策报道要做什么这个问题。我们早期的公共政策报道，尤其是那些高屋建瓴的、社会变革转型的报道，很多是记录式、解释型的，记录这个时代的变迁，解释事件背后的内幕是怎样的。我成为编辑之后更希望新闻报道有机会改变议程设置，推动社会的改变。

我们认为的公共政策的灵魂是什么？有一个比较典型的案例是财新通过持续的跟踪报道和社会互动，让营养餐的试验被更多人了解，后来中央政府决定每年财政补贴 100 多亿元给贫困地区的中小学生提供营养餐。媒体参与了议程设置，它确实有助于推动政策的改变。

民生组其实还经历了一个小小的波折。在 2017 年底的时候，财新已经转变成一个在线全收费的媒体，因为原来的免费阅读没有办法再持续，财新率先转型为一个在线付费阅读的媒体。当时我作为民生板块的编辑，看到其实很多记者不太认同这样的做法，记者们觉得我们民生议题要面向大众，但如果要收费，很多人就不能看。转型同样给记者带来了考验，对内容的要求更高。那段时间不少记者离职，民生组一下子就没有记者了。好在很快就迎来了新的同事。我们也调整了思路，更注重新闻当中人的故事，新团队花了很多时间合作了这一篇《谁在消灭低价药》报道，大家可以去看一下。

记者写医院和药价的相关报道是很头疼的，要向普通人、决策者解释清楚医院里的事情与医院政策并不简单。当时我们得到消息说医院的药价和网上一些电商平台的药差价非常大，医院的某些药价甚至能比网络平台高出成百上千倍。因此医院方为了维持价格，就要打压在线售药平台，希望在线售药平台的价格超过医院药价。

这个新闻事实我称作病状的"状"，一篇稿件要有深度需要解释清楚几个因素，即"状""症""因""源"，而"状"背后就是病症的"症"，即症状的诊断结果，要不断对此进行追问其因其源。以这个例子来说，医院与平台之间存在的差价是"状"，报道不能只浅显地写医院维持价格的行动，这背后还包含了"零差价"政策对医院盈利的压缩、财政补偿不到位、医院通过调高药价获得回扣等问题，这些因素叠加构成复杂的利益链，我们的报道要将"谁在消灭低价药"这个问题讲清楚。

这篇稿子出来之后在业内产生了较大反响，卫健委的相关部门找到我让我和记者、和一些相关方坐到一起来开会讨论这个政策到底带来一些什么样的影响。之后在当年推行的"带量采购"中，文章中提到的一款乙肝药价格大调整，药品可及性大大提高。这里面，一个关键的因素是我们的报道要让人真正读懂，要让人看懂现象背后的复杂关系。

所以得到新闻线索后，我和记者反复讨论，又做了很多表格比较各种药价，但是药价的差别很难让读者理解，就事论事有阅读障碍。我考虑要找用量特别大的药来举例，写出药价背后的故事。我们就锁定了一款乙肝药和乙肝患者，记者采访了患者，把他们没有办法买到低价药的困境写进文章。这个故事虽然只是导言部分还有中间文章穿插的一两千字，但是为了把它写好，记者做了大量的采访，找了很多的患者。稿子引发了关注，引发了讨论，这说明更多读者也能够通过报道理解其中制度设计的问题。最后网售处方药的政策和报道提及的药品恩替卡韦的价格都作出了一定调整。虽然这件事后续还牵涉更多复杂的波折，但在特定的时期，文章还是发挥了特定的作用，让更多人看到了问题所在。

可能很多读者更喜欢看涉及高官腐败的调查报道，我自己却喜欢报道这类民生议题。虽然做报道的时候也觉得很累，涉及很多繁琐的案头工作和大量采访，但我觉得它的影响受益面是非常广的，我觉得很有价值。

后面民生组陆续做了不少有影响力的稿子。像《失血的春节》，2018年春节大年初二、初三北京有一次"血荒"，我当时和一个很有热情的记者合作，春节期间临时组队，她和实习记者一起写，我编，假期发稿，影响也比较大，后来有关部门紧急补血，解决了一些面上的问题，春节过后"血荒"问题逐渐缓解。

《尘肺病案中案》是当时带着新入职的记者团队写的。我们是发现了一个很有意思的案例：医生因为做了矿工的职业病的认定被抓了。有关部门认为矿工没有得尘肺病，该认定是虚假的，因为该认定导致了国家社保资金的流失，所以将医生抓了起来。记者团队最开始的注意力在这几个医生上。我认为医生被抓的关键是矿工的鉴定，所以一定要找到矿工。记者们通过各种渠道找到了一开始不愿开口的律师，后面说服他透露了知道的蛛丝马迹，找到了当地的矿。线索最后锁定在贵州遵义一个偏僻的地方，矿工的社保背后还涉及当地政府和企业，我们花了很多时间一层一层去追查，把这件事情来龙去脉理清楚，让公众知晓。最后医生也获得了自由。

《沈阳迪厅药物泛滥　他们如何吃药上瘾？》，这最早是我给一位实习记者出的题目，关于患者吃止痛药上瘾的问题，让记者去了解泰勒宁的使用是否存在滥用，多大程度上失控，流入流出及管控情况是怎样的。患者吃止痛药是为了缓解病痛，但调查过程中发现在沈阳等地有不少年轻人将这种止痛药当作便宜毒品使用，记者跟进报道，展现了这样一个人群的生存现状和困境。最后泰勒宁也被纳入管制药品，但是我们也反思这仅仅是对一种药加强了管制，滥用药品的动机没有被消除，所以这个社会问题究竟要怎么解决，其后还有很多需要探讨的空间。

我们的新记者都非常厉害。当时还做了《69名血透患者感染丙肝　江苏东台人民医院发生责任事故》系列报道，也很有影响力。

《药还怎么审》在业界也比较受认可。药品的审批制度改革对中国的制药行业带来了非常大的推动，但是改革进程受到很大影响。制度改革的主要领导毕井泉当时因为疫苗事件引咎辞职，但实际上他作为改革的推动者，是非常有情怀的一个人，他离任之后改革出现停滞。药审就是由一个聚集专业人才的事业单位，去负责这些药品的审评，但是我了解到安排人才的薪资等资金涉及事业单位的一些规定没法落实，所以改革很难顺利推动。我们对此做了报道，新闻发布后这个"财务危机"很快就解决了。当然我们报道的落点也不是仅仅着眼在财务问题，我们希望让大家知道药审改革不能停，因为这是改变中国药业未来发展格局的重要事情。

所以我们看最后公共政策报道的灵魂是什么，不仅是看到"状""症"，还要分析"因""源"，明确最后我们要向读者传达的是什么信息。

还有《桃江病人》。刚才有讲到的丙肝患者，丙肝患者现在比较多。我们当时的实习记者参与了低价药的采访，她在这个过程当中就发现有"丙肝村"。这位实习记者正式入职之后，她跟我说：任波老师我还想去看一下。我就让她去了，之后有了这篇报道。其实这篇稿子里面还有一些比较鲜活的故事没有全部呈现，但文章能够很好地让大家去理解丙肝治疗这个议题。我们的报道一定要发得比较及时，因为很快就是丙肝药的医保谈判，让大家知道丙肝药的价格、药品的可及性对社会健康、健康权是很重要的。因为乙肝、丙肝是能够治愈的但又广泛传播的传染病，所以提高特效药品的可及性非常重要。因此作为媒体其实是有机会参与到议程设置的，让大家知道问题的重要性。

还有一些稿子是未能发出来的。大家看到事件结果的时候，不会知道其实有一篇没有发表的报道很早就涉及了这个议题，这是有些遗憾的。2020 年 9 月 4 日那天大家看到了一条新闻，贵州毕节大方县教师被拖欠的补贴数额超亿元。但其实我们有一条跟了很久的线索。一两年前我们就在跟进毕节大方县教师的收入问题，他们向我们反映说工资又被克扣了，记者随后查访克扣工资的背后是什么深层原因驱动？结果查到的原因和前段时间独山县 400 亿元基建的新闻很类似，大方县也有一二百亿元的基建地方债，当地财政是破产的，所以地方上就让老师们贷款给自己发工资，整个链条非常复杂。记者很认真地做了调查，稿件最后没有公开发表，财新通过其他方式反馈了有关信息。现在能够看到问题一定程度上得到缓解，但媒体和记者背后的努力是没有人能够知道的。

《千余兰州市民元旦排队查布病　多人呈阳性指标》《兰州居民布病阳性破百人　一孕妇感染后被建议流产》和特稿《兰州病人》也都是我的同事们做的。最开始发现有布鲁氏菌病报告，后来发现兰州有疫苗厂疑似病毒泄漏，我们有一位资深记者主动要求去现场。他告诉我说，他发现实际情况很复杂，不知道什么原因工厂周边那些居民区很多人都被感染，数量未知。后来记者发现这个感染面超乎预期。2020 年 1 月 2 日和 1 月 14 日，我编发了早期的两条网稿，受到很大关注。但随着新冠肺炎疫情暴发，布病感染的话题暂时搁置，后来转交其他的同事跟进，最后官方认可有五六千人感染。布病对人的健康状况的影响不可低估，生育能力、骨骼和肌肉等都有可能受损，这些患者得到了治疗和有关部门安排的补偿。

今年比较大的就是疫情期间的报道。我是 2019 年 12 月 31 日发的第一条稿子。后面有几个关键的节点，比如 1 月初我们报道了有海鲜市场以外的感染，1月中旬我们把英国帝国理工学院的感染模型发出来了，预估模型推算感染者有1 000多人，等等。前方记者一直也在跟进抗疫前线的点点滴滴，有三个记者在前方；后方是在领导们的大力支持下让整个编辑部作为后盾，除了关注全国各地的情况，主要是关注政策是否根据疫情变化及时调整。

我们报道疫情的过程中还有一些"插曲"。在追踪海鲜市场附近的感染源时，我们发现附近有一个养老院，养老院有一些老年人比较密集死亡，护士也感染了，但没有得到妥善的处置。我们的记者反复确认养老院的情况后我编发了一条消息《武汉养老院现多例疑似新冠感染》。这在我们看来就是很正常的一条网稿，却被地方政府公开指责说某媒体不实报道。我告诉记者，现在不要着急，先不要发稿，而是要想办法再进一步核实，一定要找到是哪些人在什么时间去世了，用各种方法找到名单，要找到养老院的当事人给我们提供帮助。记者非常负责任地找了，找到了大概将近二十人的资料。第二天早上她还列了一张详细表单，都是在养老院的当事人帮助下获得的。记者问我现在可以发稿吗？我说可以了。这篇稿件《独家｜两月来，华南海鲜市场附近福利院发生连续死亡》发出之后影响很大。其实我们觉得是一个普通报道，是日常的工作，当时也没有刻意地想达到什么轰动效应。我刚才说到我们怎么理解公共政策，在这个案例中就是这些老人，他们是弱势群体、是被忽略的少数人，所以自然地就把他们纳入我们的报道对象，对于稿件受到如此大的关注我特别意外。

当时有一句话让我很难忘。因为我们人手特别不够，做医疗报道的记者只有五个人，如果要做这么大体量的疫情报道是需要集我们全编辑部之力，几乎所有的人都要参与。但当时这个题目没有人手，一个因为春节在家滞留湖北的记者，她是写股市新闻的，非常热情地接了这个任务，她完成得特别好。事后她跟我说："任波老师，我写了上千条稿子，我觉得它们都比不上这一条。"我觉得挺感动的，这也许能体现我们公共政策报道的价值。

谢谢大家！